みらい × 子どもの福祉
ブックス

社会福祉

［第2版］

志濃原 亜美・編集

みらい

編　集

志濃原亜美　秋草学園短期大学

執筆者一覧（五十音順）

秋山　展子	秋草学園短期大学	コラム①
朝比奈朋子	東京成徳大学	コラム⑫
伊藤　龍仁	愛知東邦大学	Ch. 1－1
牛島　豊広	周南公立大学	Ch.11－1・3
梅田　美穂	香蘭女子短期大学	Ch.12－2
大野　地平	聖徳大学短期大学部	コラム⑩
亀田　良克	聖ヶ丘保育専門学校	コラム⑪
北澤　明子	日本女子体育大学	コラム⑧
小堀　哲郎	日本女子体育大学	Ch. 6－1・2
佐久間美穂	川村学園女子大学	Ch. 2－1・2
志濃原亜美	秋草学園短期大学	Ch.10
鈴木久美子	常葉大学短期大学部	Ch. 7
玉井　智子	元今治明徳短期大学	Ch. 9
土屋　昭雄	群馬医療福祉大学短期大学部	コラム⑤
土田　耕司	就実短期大学	Ch. 2－3
長瀬　啓子	東海学院大学	Ch. 1－2
中西　遍彦	修文大学短期大学部	Ch. 8
中野　陽子	和泉短期大学	コラム②
新川　泰弘	関西福祉科学大学	Ch.12－1
根本　曜子	植草学園短期大学	コラム⑦
野口　史緒	岐阜大学医学部附属病院総合患者サポートセンター	コラム③
平澤佐友里	簡野学園羽田幼児教育専門学校	コラム④
松木　宏史	大阪国際大学短期大学部	Ch. 6－3
松倉　佳子	こども教育宝仙大学	Ch. 5
宮内　寿彦	十文字学園女子大学	Ch. 3
村田　恵子	就実大学	Ch. 4
望月　隆之	聖学院大学	コラム⑨
山城　久弥	鎌倉女子大学	Ch.11－2
吉野　真弓	育英短期大学	コラム⑥

はじめに

　2023年秋にテレビ放送された菊池風磨さん主演の「ゼイチョー―『払えない』にはワケがある―」（日本テレビ［原作：慎結『ゼイチョー！―納税課第三収納係―』講談社］）というドラマを視聴したみなさんは多いのではないでしょうか。このドラマは滞納している税金を納めてもらう徴税吏員の物語ですが、サブタイトルにあるように税金を納めることができない市民の「払えないワケ」に着目しています。そのような市民に寄り添い、本来市民が受けることができる公的支援や福祉サービス、税金控除などの情報を提供し、問題を解決していく「ヒューマンエンターテイメントドラマ」です。

　社会福祉や社会保障の制度・政策は複雑であり、かつ制度・サービスの利用は基本的には自ら利用等を申し出る申請主義です。そのため、受けることのできる支援につながらない、もしくは、そもそも制度・サービスの存在や利用方法を知らないために困難を抱えるという人は少なからず存在しています。みなさんのなかにも、身近な医療保険や、学生であっても20歳になると納めなくてはならない年金など、自分に関係のある制度について、詳しくは知らないという人が多いのではないでしょうか。

　保育所保育指針では、保育士の仕事は、子どもの保育と保護者の支援と明記されています。保育士を目指すみなさんは、子どものみならず、その保護者や家庭にも目を向け、困難や生きづらさを抱えている家族がいたならば、必要な支援につながる制度・サービスの情報を提供することも必要となってくるでしょう。

　本書は、2020年に刊行した『みらい×子どもの福祉ブックス　社会福祉』の改訂版です。理解しづらい、制度論である「社会福祉」について、イメージしながら学ぶことができるように構成してあり、コラムでは社会福祉をテーマにした映画や漫画などを紹介しています。是非、本書を活用して社会福祉を身近に感じ、深く学んでほしいと願っています。社会や人々のライフスタイルの変化に伴う社会問題や課題の解決に向けて働きかけていくことが社会福祉の理念です。本書の学びを通して、誰もが健康で文化的な生活を営むことが可能な社会、そして一人ひとりの人権が守られ、尊重されながら自己実現を果たしていくことが可能な社会の実現について、みなさんが考えるきっかけになると幸いです。

　子ども家庭福祉分野では、少子化、子ども虐待、ヤングケアラーなどの社会問題を背景に2023年にはこども家庭庁の創設と、こども基本法の施行など、大きな変化がありました。制度や政策の変化にも敏感になり、子どもや保護者へ必要な支援を届けることができる保育者を目指していきましょう。

　最後に、執筆者の諸先生方には、それぞれの専門性や持ち味を生かしながら工夫してご執筆いただきました。また、出版社㈱みらいの松井克憲氏には、改訂に伴うさまざまな調整や相談に大変ご尽力をいただきました。松井氏と「社会福祉の今」について、議論させていただきながら完成した一冊です。ここに厚く御礼と感謝の意を表したいと思います。

　2024年1月

志濃原　亜美

本書の使い方

本書は、大学・短期大学・専門学校等において初めて「社会福祉」を学ぶ方へ向けたテキストです。「社会福祉」で扱う内容は幅広く、また馴染みのない制度や用語も多く登場してきます。本書では、それらの内容を①効率よく、②わかりやすく、③興味を持って学べるよう、以下の点に工夫を凝らしています。

Point 1　インプットノートでイメージをつかもう

各 Chapter の冒頭には、Section ごとに「文章」「Keyword」「イラスト」の 3 点セットで学びの概要（アウトライン）を示しています。学習をスタートさせる前にインプットノートでイメージをつかむようにしましょう。

Section での学びにおいて重要な項目を「Keyword」としてまとめています。学習し理解できた項目にはチェックマークをつけるようにしましょう。

Point 2　3分 Thinking で主体的な学びにつなげよう

「社会福祉」は制度論が中心であるため、授業では教員側からの解説の時間が多くなることがあります。そこで、本書ではみなさんの主体的な学びを促すために各 Section の冒頭に学びの内容に関連したワークを掲載しています。どのワークも 3 分程度で考えられる設問になっていますので、積極的に取り組み主体的な学びにつなげていきましょう。

ワークは個人だけでなく、グループやクラス全体で取り組んでも良いでしょう。ワークを通じてほかの学生・教員との相互のやり取りを深めるようにしましょう。

Point 3　要約部分を予習・復習に活用しよう

各項タイトルの下には、その項で学ぶ本文の内容を簡単かつわかりやすくまとめた「要約」を設けています。この要約部分は「予習」「復習」の際に活用しましょう。

Point4　アウトプットノートで学びを振り返ろう

　各 Chapter の最後には、学びの振り返りを行うためのアウトプットノートを設けています。ここでは、各 Chapter で「学んだこと」「感じたこと」「理解できなかったこと」「疑問に思ったこと」などを整理し、自由に記述しましょう（テーマを変更しても構いません）。

　また、「TRY してみよう」では、各 Chapter に沿った穴埋め問題を設けていますので、理解度チェックのために挑戦してみましょう。

Point5　コラムを通して未来につなげよう

　アウトプットノートの後には、社会福祉に関するさまざまな内容のコラムを設けています。

　将来、保育士として働くことを目指すみなさんには、社会福祉に関する幅広い知識が求められます。コラムでの学びを通じて、みなさんの未来につなげましょう。

Point6　メモ欄を活用して、学びを深めよう

　各ページの右または左に、気付いたことなどが書き込めるよう、メモ欄を設けています。授業や自学自習での学びを進めていくなかで、疑問に思ったこと、気付いたことなどをメモし、学びを深められるようにしましょう。

もくじ

現代社会の動向と社会福祉

●イメージをつかむインプットノート

Section 1 「現代社会の動向」のアウトライン

「少子高齢化」や「過疎化」の進行など、今後の私たちの暮らしや社会福祉のあり方にも大きな変化をもたらす可能性がある社会問題について学びます（p.12）。

Keyword

- ☐ 少子高齢化
- ☐ 1.57 ショック
- ☐ 人口減少
- ☐ 都市化
- ☐ 過疎化
- ☐ 核家族
- ☐ ひとり親

現代社会は常に変化し、私たちの暮らしにも変化をもたらしています。

Section 2 「現代社会における社会福祉の意義」のアウトライン

この Section では、Chapter 2 以降の学びの導入として、「社会福祉とは何か」についてや、保育者と社会福祉の関わりについて学びます（p.19）。

Keyword

- ☐ 社会福祉
- ☑ ウェルビーイング
- ☐ ノーマライゼーション
- ☐ ソーシャルインクルージョン

社会で生活している人の幸せを広く捉えて追求していくことが、社会福祉のめざすところといえます。

Section 1 現代社会の動向

3分 Thinking

- 少子高齢化が進み、日本の人口が減少すると、私たちの暮らしにはどのような影響があるのか考えてみましょう。

1 少子高齢化と人口減少社会

要約 ▶ 少子高齢化の急速な進行により、わが国の人口の構成比率が大きく変わり、本格的に人口が減少する社会が始まっています。人口の減少は、私たちの暮らしと直結する大きな社会問題です。

①少子高齢化の進行

＊1 **高齢化社会**
総人口に占める65歳以上の人口の割合（高齢化率）が7％を超えた社会をいいます。

＊2 **高齢社会**
高齢化率が14％を超える社会をいいます。

＊3 **超高齢社会**
高齢化率が21％を超える社会をいいます。

＊4 **合計特殊出生率**
15～49歳までの女性の年齢別出生率を合わせたものです。

現在、わが国の最大の社会問題として、少子高齢化の進行があげられます。総務省統計局の「人口推計（2022［令和4］年10月1日現在）」によれば、2022（同4）年のわが国の総人口は1億2,494万人でした。表1－1のように、1950年以降の0～14歳の年少人口は減少する一方、65歳以上の老年人口は増加し、1997（平成9）年以降は老年人口が年少人口を上回っています。

戦後の高齢化率は年々高まり、1970（昭和45）年に「高齢化社会」＊1、そのわずか24年後の1994（平成6）年に「高齢社会」＊2入りし、2007（同19）年に「超高齢社会」＊3に突入しました。一方、1949（昭和24）年に4.32あった合計特殊出生率＊4は減少し続け、1989（平成元）年には過

表1－1　年少人口と老年人口の推移

	出生数	死亡数	14歳以下人口	65歳以上人口	高齢化率
1950年	234	91	2,979	416	4.9%
1960年	161	71	2,843	540	5.7%
1970年	193	71	2,515	740	7.1%
1980年	158	72	2,751	1,065	9.1%
1990年	122	82	2,249	1,489	12.1%
2000年	119	96	1,847	2,201	17.4%
2010年	107	120	1,680	2,924	23.0%
2020年	84	137	1,503	3,603	28.6%
2022年	77	157	1,450	3,624	29.0%

注　：出生死亡数・人口の単位は万人。
出典：厚生労働省「人口動態統計」（各年10月1日現在）をもとに筆者作成

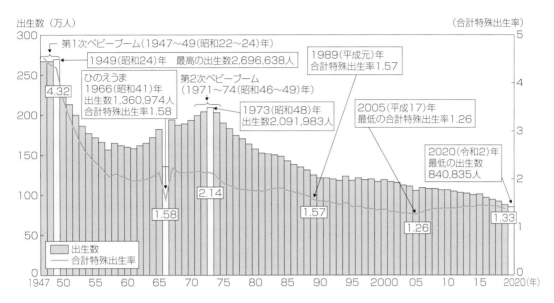

資料：厚生労働省「人口統計」を基に作成。

図1－1　出生数および合計特殊出生率の年次推移

出典：内閣府『令和4年版少子化社会対策白書』日経印刷　p. 5

去最低の1.57となり、このことは「1.57ショック」と呼ばれ、少子化が社会問題化しました（図1-1）。その後、さまざまな少子化対策が取り組まれましたが、現在も人口置換水準*5を大きく下回り推移しています。

②人口減少社会の到来

　少子高齢化が進行した結果、2005（平成17）年には統計上初めて死亡者数が出生数を上回り、2008（同20）年以降の人口は自然増減率の減少幅を拡大しながら減り続ける本格的な「人口減少社会」を迎えています（図1-2）。そして、さらに高齢化が進行しながら、15～64歳の現役世代の人口が急速に減少するという特色を持っています。

　今後のわが国は、このような人口減少に伴うさまざまな社会的影響にどう対応していくのかという大きな課題に直面しており、社会保障制度ならびに社会福祉制度の存在意義が問われています。

＊5　**人口置換水準**
現在の人口を維持することができる合計特殊出生率の水準をいいます。2021（令和3）年の値は2.07です。

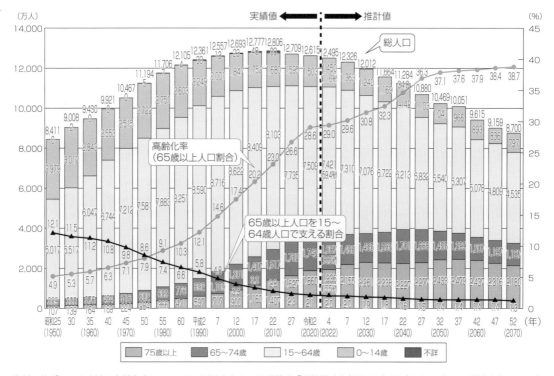

資料：棒グラフと実線の高齢化率については、2020年までは総務省「国勢調査」（2015年及び2020年は不詳補完値による。）、2022年は総務省「人口推計」（令和4年10月1日現在（確定値））、2025年以降は国立社会保障・人口問題研究所「日本の将来推計人口（令和5年推計）」の出生中位・死亡中位仮定による推計結果

(注1) 2015年及び2020年の年齢階級別人口は不詳補完値によるため、年齢不詳は存在しない。2022年の年齢階級別人口は、総務省統計局「令和2年国勢調査」（不詳補完値）の人口に基づいて算出されていることから、年齢不詳は存在しない。2025年以降の年齢階級別人口は、総務省統計局「令和2年国勢調査　参考表：不詳補完結果」による年齢不詳をあん分した人口に基づいて算出されていることから、年齢不詳は存在しない。なお、1950年〜2010年の高齢化率の算出には分母から年齢不詳を除いている。ただし、1950年及び1955年において割合を算出する際には、（注2）における沖縄県の一部の人口を不詳には含めないものとする。

(注2) 沖縄県の昭和25年70歳以上の外国人136人（男55人、女81人）及び昭和30年70歳以上23,328人（男8,090人、女15,238人）は65〜74歳、75歳以上の人口から除き、不詳に含めている。

(注3) 将来人口推計とは、基準時点までに得られた人口学的データに基づき、それまでの傾向、趨勢を将来に向けて投影するものである。基準時点以降の構造的な変化等により、推計以降に得られる実績や新たな将来推計との間には乖離が生じうるものであり、将来推計人口はこのような実績等を踏まえて定期的に見直すこととしている。

(注4) 四捨五入の関係で、足し合わせても100.0%にならない場合がある。

図1-2　日本の人口推移

出典：内閣府『令和5年版高齢社会白書』日経印刷　p.4を一部改変

2　社会の変容と私たちの暮らし

要約 ▶ 私たちの暮らしの営みは、すべて、社会の中で成り立つものですから、その影響から切り離して考えることはできません。時代に伴う現代社会の変容は、人々の暮らしにも大きな変化をもたらしています。

①都市化・営利主義化・高度情報化と私たちの暮らし

　わが国では、1950 年代中ごろからの高度経済成長によって都市部に人口が集中し、都市化と過密化が進み、生活環境が急速に悪化しました。一方で、農村部では過疎化と高齢化が同時に進み、中山間地域の「限界集落」[*6] では地域のコミュニティが崩壊し、廃村化が現実のものとなっています。

　都市部では安くて便利な商品とサービスが充実し、豊かな生活を送ることができるようになりましたが、経済優先の営利主義・商業主義の蔓延によって、人々の暮らしや子どもの育ち、子育て等にも影響が現れています。さらに、スマートフォンや SNS（Social Networking Service）、インターネットの普及による高度情報化社会の到来は、買い物やレジャーなどの生活スタイルを変え、人々のコミュニケーションにも変化を与えています。

　21 世紀の子どもたちは自由な時間や十分な遊び場（空間）、友だち（仲間）を持つことが少なく、自然や友だち・地域の人々とのふれあい、小集団での冒険や身体を使った遊び等ではなく、ゲーム機と多様な商品および通信機能で遊び、メタバース（仮想空間）や VR（バーチャル・リアリティ：仮想現実）を楽しむように変化しています。

②家族の縮小化と多様化

　私たちが生活する基盤となっているはずの家族は危機に瀕しているといわれます。例えば夫婦の不和や離婚、親子の世代対立や断絶、虐待やドメスティック・バイオレンス（以下「DV」）、家庭内の暴力や世代を超えた引きこもりの増加など、家族が極めて不安定な状況に陥っていることは誰の目にも明らかです。

　その背景には、核家族[*7]化の進行と家族規模の急速な縮小化があります。厚生労働省によれば、2022（令和4）年6月における全国の世帯総数は 5,431 万世帯であり（表1－2）、世帯構造では「単独世帯」が 1,785 万 2,000 世帯（全世帯の 32.9%）で最も多く、次いで「夫婦と未婚の子のみの世帯」が 1,402 万 2,000 世帯（同 25.8%）、「夫婦のみの世帯」が 1,333 万世帯（同 24.5%）などとなっています。

　このように、家族規模が急速に縮小化した背景には、直系家族制から夫婦家族制へと戦後の家族制度が変化したことに加え、都市化と情報化、産業構造や労働雇用環境等を含む社会全体の変化も大きく影響しています。そして、独居世帯やひとり親家庭の増加に加え、ステップファミリー[*8]や同性婚家族など、家族形態の多様化も進んでいます。

＊6　限界集落
過疎化などによって、集落人口の半数が 65 歳以上の高齢者となっており、集落機能の維持（草刈りなどの共同作業、水源や生活道路などの生活機能の管理等）が困難な集落をいいます。

＊7　核家族
「夫婦のみの世帯」「夫婦と未婚の子のみの世帯」「ひとり親と未婚の子のみの世帯」からなる家族をいいます。

＊8　ステップファミリー
再婚（事実婚含む）により、夫婦のいずれかと生物学的には親子関係のない子ども（養子縁組をしている場合は、法的には親子関係が存在する）がともに生活する家族形態をいいます。

表1－2　世帯構造別世帯数および平均世帯人員の年次推移

	総　数	世帯構造					
		単独世帯	夫婦のみの世帯	夫婦と未婚の子のみの世帯	ひとり親と未婚の子のみの世帯	三世代世帯	その他の世帯
	推計数（単位：千世帯）						
1986（昭和61）年	37544	6826	5401	15525	1908	5757	2127
'89（平成元）	39417	7866	6322	15478	1985	5599	2166
'92（　4）	41210	8974	7071	15247	1998	5390	2529
'95（　7）	40770	9213	7488	14398	2112	5082	2478
'98（　10）	44496	10627	8781	14951	2364	5125	2648
2001（　13）	45664	11017	9403	14872	2618	4844	2909
'04（　16）	46323	10817	10161	15125	2774	4512	2934
'07（　19）	48023	11983	10636	15015	3006	4045	3337
'10（　22）	48638	12386	10994	14922	3180	3835	3320
'13（　25）	50112	13285	11644	14899	3621	3329	3334
'16（　28）	49945	13434	11850	14744	3640	2947	3330
'19（令和元）	51785	14907	12639	14718	3616	2627	3278
'22（　4）	54310	17852	13330	14022	3666	2086	3353

注1：1995（平成7）年の数値は、兵庫県を除いたものである。
注2：2016（平成28）年の数値は、熊本県を除いたものである。
出典：厚生労働省「2022（令和4）年国民生活基礎調査の概況（全体版）」p.3を一部改変

③地域関係の希薄化とコミュニティ

　経済発展に伴い、第一次産業（農業、林業など）から第二次産業（製造業、建設業など）、第三次産業（サービス業など）へと産業構造が高度化していくなかで、家族形態や家族を取り巻く状況も変化してきました。家族の置かれている状況と地域環境には密接な関係があり、さまざまな生活課題を抱えた現代の家族は、地域から孤立化することによりその危機的状況が加速化・深刻化します。

　現在、都市部を中心にサラリーマン世帯が大半となり、夫婦共働きが当たり前となるなかで、近所付き合いをする時間と関心がない人が増え、地域活動の担い手が不足し、自治会や町内会への加入率が減少しています。地域関係の希薄化は、人々の安心感や幸福感を阻害して犯罪の増加を招くともいわれます。また、人口の減少が深刻な過疎地では地域コミュニティの存続が危ぶまれており、生活そのものが脅かされる事態を招いています。

　その一方で、インターネットとSNSの普及に伴い個人による情報の発信と共有化が可能となり、ライフスタイルに変化をもたらすとともに、世代や居住エリアに拘束されない新しいコミュニティの形（オンライン・コミュニティ）が生まれています。

　今後、さらに少子高齢化が進行し、高齢者等の独居世帯やひとり親による子育て家庭等の増加が見込まれるなかで、地域コミュニティの再生が大きな課題となっています。しかし、インターネットが生み出す新たなコミュニティが、希薄化した地域のコミュニティを補う可能性もあるでしょう。

3　現代社会の生活課題―子育て家庭を中心に―

要約 ▶ 社会を取り巻く環境の影響により、さまざまな生活課題が生じます。例えば子育て家庭において、待機児童問題のほか、虐待・DV などの深刻な生活課題を抱えることがあります。

①労働・雇用環境と子育て

　内閣府の『令和元年版　男女共同参画白書』によれば、子育て期にある30 代および 40 代の男性において、週間就業時間 60 時間以上の雇用者の割合が女性やほかの年代の男性と比べて高く、年次有給休暇の取得率は女性が 6 割近くであるのに対して、男性は 5 割を切っています。また、戦後しばらくは男性雇用者と無業の妻で構成される世帯が占める割合が大きかったのですが、共働き世帯も年々増加し、近年は男性雇用者と無業の妻から成る世帯数を大きく上回っています（図 1 − 3）。このように、共働きが当たり前となっている子育て世帯の保育ニーズに対応する保育サービスが追い付かないことから、都市部における待機児童 ＊9 問題が発生しています。

> ＊9　**待機児童**
> 認可保育所等への入所を希望しているが入所できない状況にある児童のことをいいます。

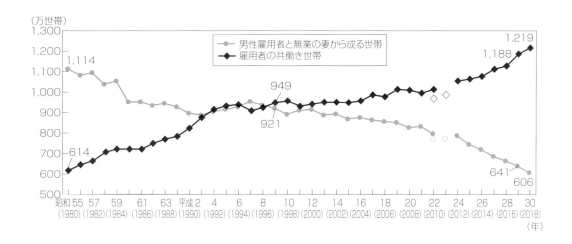

注 1：昭和 55 年から平成 13 年までは総務庁「労働力調査特別調査」（各年 2 月。ただし、昭和 55 年から 57 年は各年 3 月）、平成 14 年以降は総務省「労働力調査（詳細集計）」より作成。「労働力調査特別調査」と「労働力調査（詳細集計）」とでは、調査方法、調査月等が相違することから、時系列比較には注意を要する。
注 2：「男性雇用者と無業の妻から成る世帯」とは、夫が非農林業雇用者で、妻が非就業者（非労働力人口及び完全失業者）の世帯。
注 3：「雇用者の共働き世帯」とは、夫婦共に非農林業雇用者（非正規の職員・従業員を含む）の世帯。
注 4：平成 22 年及び 23 年の値（白抜き表示）は、岩手県、宮城県及び福島県を除く全国の結果。

図 1 − 3　共働き世帯数の推移

出典：内閣府「男女共同参画白書　令和元年版」勝美印刷　2019 年　p.116

②孤立した子育てと貧困問題

　子育て世帯が減少する一方、近所付き合いがなく地域から孤立無援で子育てをする家庭は少なくありません。現在の住宅環境は密室化しやすいこともあり、子育ての孤立化が課題となっています。

　図1－4は、相対的貧困率の年次推移を表しています。2021（令和3）年の相対的貧困率は15.4%であり、依然国民の所得格差が大きいことがわかります。子どものいる世帯では平均で約9人に1人の子どもが貧困状態のなかにあり、特にひとり親世帯の貧困率は4割以上と深刻な状況です。こうした子育て家庭の貧困は、そこで育つ子どもの将来にも影響を与えるといわれ、世代を超えて連鎖する貧困と格差が問題視されています。

　このような孤立した子育てと貧困の問題は、虐待の発生につながるリスク要因としても指摘されています。

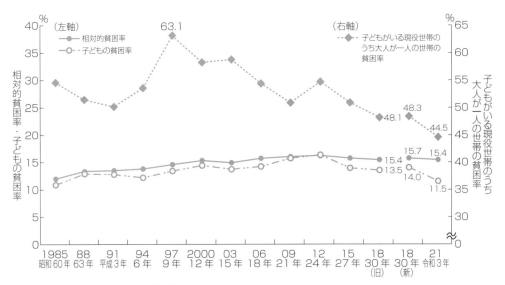

注：1）　貧困率は、OECD の作成基準に基づいて算出している。
　　2）　大人とは 18 歳以上の者、子どもとは 17 歳以下の者をいい、現役世帯とは世帯主が 18 歳以上 65 歳未満の世帯をいう。
　　3）　等価可処分所得金額不詳の世帯員は除く。
　　4）　1994（平成6）年の数値は、兵庫県を除いたものである。
　　5）　2015（平成 27）年の数値は、熊本県を除いたものである。
　　6）　2018（平成 30）年の「新基準」は、2015 年に改定された OECD の所得定義の新たな基準で、従来の可処分所得から更に「自動車税・軽自動車税・自動車重量税」、「企業年金の掛金」及び「仕送り額」を差し引いたものである。
　　7）　2021（令和3）年からは、新基準の数値である。

図1－4　貧困率の年次推移

著者注：「相対的貧困率」とは、等価可処分所得（世帯の所得から税金等を引いたもの）の中央値の半分に満たない世帯員の割合をいいます。
　　　出典：厚生労働省「2022（令和4）年　国民生活基礎調査の概況（全体版）」（令和5年7月4日）　p.14

③深刻化する生活課題

　2020（令和2）年に始まった新型コロナ感染症の蔓延を契機に「新しい生活様式」が導入されました。例えば、感染防止の名目から面前でのマスク着用やソーシャルディスタンスが推奨され、人々が素顔を見せて対面で関わる機会が減少するとともに、オンライン化が一気に進みました。

　文部科学省によると、2022（令和4）年度における、子ども（小・中・高校生［特別支援学校を含む］）のいじめ認知件数（約68万件）、不登校児童生徒数（約30万人）、自殺者数（411人）、また児童相談所における児童虐待相談対応件数（約22万件［速報値］）は、いずれも過去最多を記録しました。このように、子ども・子育てを取り巻く生活課題はますます深刻化しているといわざるを得ないのです。

Section 2　現代社会における社会福祉の意義

 3分 Thinking

- 「社会福祉」と聞いてどのようなことを思い浮かべますか。また、保育者が社会福祉をなぜ学ぶのかを考え、その理由を書き出してみましょう。

1　社会福祉の理念と概念
要約　人が幸せに暮らすには、ウェルフェア（welfare）の概念のみではなく、ウェルビーイング（well-being）の観点が重要となります。

①「社会福祉」の意味、イメージできるもの

　みなさんは「社会福祉」と聞いてどのようなことを思い浮かべるでしょうか。乳児から高齢者、障害児・者、妊婦、ひとり親家庭、貧困家庭などへの支援として、バリアフリーやユニバーサルデザイン、人権擁護、社会保障など、多くのことを考えたのではないかと思います。身の周りにある福祉を少し考えてみただけでも、交通機関・道路・建物・建物内の仕様・通信など、多くをあげることができます。現代では社会福祉の領域は非常に広範囲にわたり、その内容も多種多様で、私たちの生活のさまざまな面に関わっています。

　「福」という字と「祉」という字にはいずれも「幸せ」という意味があります。これをもとに「社会福祉」を考えると、「社会福祉」とは、人々が幸せに暮らす、

主体的に生きるという目的概念やそのための制度・政策・実践などを意味するものと理解することができます。

②社会福祉の理念と概念

　わが国の社会福祉の理念は、日本国憲法において規定されている「基本的人権の享有」（第11条）、「個人の尊重」（第13条）、「国民の平等性」（第14条）、「生存権の保障」（第25条）などに見ることができます。そして、わが国の社会福祉は、日本国憲法および福祉六法（児童福祉法・身体障害者福祉法・生活保護法・知的障害者福祉法・老人福祉法・母子及び父子並びに寡婦福祉法）が基本となり、社会保障として、年金保険や介護保険などの社会保険、生活保護を指す公的扶助などが、公の責任において制度化されています[*10]。

　社会福祉の概念は、「目的概念」と「実体概念」に分けられます。目的概念は、社会福祉の理念や目標、価値や思想を指し、実体概念は、社会福祉の制度・政策・実践などを指します。また実体概念は、狭義の社会福祉と広義の社会福祉に分けられます（図1−5）。わが国における狭義の社会福祉は、法律の支援対象となる援助や保護を必要とする人々を対象に考える福祉のことです。一方、広義の社会福祉は、社会支出を伴う社会政策や社会保障など、住宅、教育、雇用、環境政策を含め、健康で文化的な生活を営むことができるように、国民すべてを対象として考える福祉をいいます。

③人が幸せに暮らすための重要な観点

　岡村重夫は、人間の7つの基本的要求として、経済的安定、職業的安定、家族的安定、保健・医療の保障、教育の保障、社会参加・社会的協同の機会、文化・娯楽の機会をあげています。最低限度の生活が営めることはもちろんのこと、社会参加・社会的協同の機会や文化・娯楽の機会なども必要であると述べています。つまり、人が幸せに暮らすためには、日本国憲法第25条の「生存権の保障」を基本としながらも、ウェルフェア（welfare）という

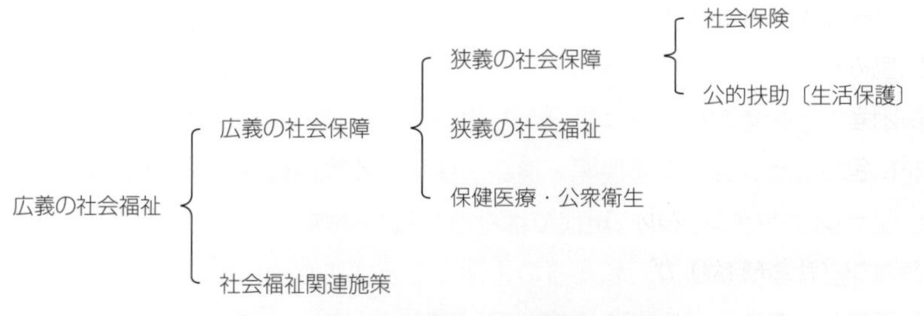

*10
社会福祉法制はCh.3、社会保障制度はCh.6を参照のこと。

図1−5　社会保障・社会福祉の体系

出典：守本とも子編『看護職をめざす人の社会保障と社会福祉［第2版］』みらい　2020年　p.26

福祉の保護的概念のみではなく、一人ひとりが自己決定や自己実現ができ、生き生きと主体的に生活できるウェルビーイング（well-being）を実現するという観点が重要となります。

2　ノーマライゼーションとソーシャルインクルージョン

要約 ▶ 人権の尊重や自己実現には、誰もがほかの人々と等しく生きる、ともに生きることのできる制度や社会環境の整備、意識の向上が必要となります。

①ノーマライゼーション

　Chapter 9 でも学びますが、ノーマライゼーションとは、障害のある人もない人も誰もが住み慣れた地域社会で当たり前の生活、普通の生活を送ることができるように社会環境の整備・実現を目指す理念のことです。この理念は、1950 年代に知的障害者施設で多くの人権侵害が行われていたことに対し、デンマークの親の会による運動から生まれました。バンク - ミケルセン（Bank-Mikkelsen,N.E.）が提唱し、ベンクト・ニィリエ（Nirje,B.）がその考え方を 8 つの原理として定義し、その考え方を広めていきました。

　大施設に自分の意志とは関係なく収容され、自由に戸外に行けず、食事や睡眠も時間通りで、プライバシーもない集団生活を想像してみましょう。障害の有無や程度に関係なく、地域社会で自由に生活したいという誰もが持つ権利を享受できる社会を整備することは当然のことです。

　ノーマライゼーションは、近年では社会福祉の共通理念となっています。

②ソーシャルインクルージョン

　社会のなかで「全ての人々を孤独や孤立、排除や摩擦から援護し、健康で文化的な生活の実現につなげるよう、社会の構成員として包み支え合う」という考え方であるソーシャルインクルージョン（社会的包摂）も、福祉を理解するうえで重要な理念です（p.138 も参照）。

　ソーシャルインクルージョンの概念は、もともとは障害者を健常者のなかに包み込む社会の実現を目指すものでしたが、現在では障害者だけに限らず、貧困者や失業者、差別などで社会から排除、疎外されている人々を社会のなかに包み込み支援していくという概念として、その実現が目指されています。

　ソーシャルインクルージョンの対義語として、ソーシャルエクスクルージョン（社会的排除）があります。わが国においても社会意識は少しずつ変容してきましたが、施設コンフリクト *11 など、いまだに無理解や偏見・差別の意識など、多くの権利阻害がみえることも課題となっているのです。誰に

＊11　**施設コンフリクト**
社会福祉施設の開設時に地域住民などから反対運動が起きることに伴う、自治体と地域住民の対立・衝突をいいます。

でも人権があり、誰もが自分の意思を大切に生きる権利があります。また、人はみなそれぞれ違うため個々を大切にしていかなければなりませんが、それは違いを区別し差別することではありません。「共生」のためには何を議論すべきかについて、本書での学びを通して考えてみてください。

3　保育と社会福祉

要約　保育者は、子どもや保護者、地域に一番身近な専門職として重要な役割を担っており、こうした点に保育者が社会福祉を学ぶ意義を見出すことができます。

こども家庭庁「令和4年度児童相談所での児童虐待相談対応件数（速報値）」によると、虐待件数は21万9,170件と過去最多となり、年々増加し続けています。また「子ども虐待による死亡事例等の検証結果等について（第19次報告）」による傾向をみると、虐待死の加害者は、実母が半数を占めています。しかし、これを単に母親のみの問題としてよいのでしょうか。

例えば子ども虐待（児童虐待）[*12] の背景には、Section 1で学んだ子育て家庭を取り巻く社会状況が大きく関係しています。また、子ども虐待だけでなく、貧困や格差、地域関係の希薄化などに伴って、多様で複雑な課題を抱える子どもや家庭も増加しています。

そうしたなか、2022（令和4）年6月に、子ども施策を総合的に推進することを目的とする「こども基本法」が成立しました。また、国は常に子どもの最善の利益を第一に考え、健やかな成長を社会全体で後押しする「こどもまんなか社会の実現」を最重要コンセプトに掲げ、その新たな司令塔として「こども家庭庁」を2023（同5）年4月に創設しました [*13]。

保育者は、社会全体で取り組む政策の中心的な専門職でもあるといえ、子どもや家庭の支援に際して、社会福祉に関するさまざまな制度や施策の知識を生かして課題解決につなげていく必要があります。また、子ども虐待やDVなどの専門的な対応が必要な場合には、地域の社会資源や他機関と連携・協力を行い、ネットワークを構築していく必要があります。こうした社会福祉に関するさまざまな制度や施策、地域の社会資源等については、次のChapterから詳しく学んでいくことになります。

児童福祉法第18条の4では、保育士は「専門的知識及び技術をもって、児童の保育及び児童の保護者に対する保育に関する指導を行う」者と規定されています。また、保育所保育指針には、保育所の役割として「地域の子育て家庭に対する支援」を行うことが記されており、保育者には子どもの保育とともに、保護者や広く社会全体を見据えた地域の子育て家庭への支援が求

＊12
本書では引用部分等を除き「児童虐待」を「子ども虐待」と表記します。

＊13
こども基本法等の成立背景や、こども家庭庁も含めた、その内容についてはCh.4やCh.7を参照のこと。同法の目的には、子どもの権利を擁護することや、将来にわたる幸福な生活を送ることができる社会の実現を目指すことなどが規定されており、そこからも保育者が社会福祉を学ぶ意義を見出すことができます。

めされています。まさに保育者は、子どもや保護者、地域に一番身近な専門職として重要な役割を担っており、その点においても保育者が社会福祉を学ぶ意義を見出すことができるのです。

【参考文献・参考ホームページ】

Section 1
- 後藤卓郎編『新選・社会福祉　第 2 版』みらい　2013 年
- 総務省「今後の都市部におけるコミュニティのあり方に関する研究会報告書」（2014 年 3 月）
- 日本ソーシャルワーク教育学校連盟編『児童・家庭福祉』中央法規出版　2021 年
- 厚生労働省「生活保護制度の現状について」（令和 4 年 6 月 3 日）
- 望月嵩・本村汎編『現代家族の危機―新しいライフスタイルの設計―』有斐閣　1980 年
- 総務省ホームページ　https://www.soumu.go.jp/（2023 年 9 月 29 日閲覧）
- 厚生労働省ホームページ　https://www.mhlw.go.jp/（2023 年 9 月 29 日閲覧）
- 文部科学省ホームページ　https://www.mext.go.jp/（2023 年 9 月 29 日閲覧）
- 内閣府ホームページ　https://www.cao.go.jp/（2023 年 9 月 29 日閲覧）
- こども家庭庁ホームページ　https://www.cfa.go.jp/（2023 年 9 月 29 日閲覧）

Section 2
- 伊東光晴編『岩波現代経済学事典』岩波書店　2004 年
- 庄司洋子・木下康仁・武川正吾・藤村正之編『福祉社会事典』弘文堂　1999 年
- 福祉小六法編集委員会編『福祉小六法　2023 年版』みらい
- 厚生労働省編『保育所保育指針解説』フレーベル館　2018 年
- 文部科学省『幼稚園教育要領解説』フレーベル館　2018 年
- 内閣府・文部科学省・厚生労働省『幼保連携型認定こども園教育・保育要領解説』フレーベル館　2018 年
- こども家庭庁ホームページ「令和 4 年度児童相談所での児童虐待の相談対応件数」（2023 年 11 月 27 日）
  https://www.cfa.go.jp/assets/contents/node/basic_page/field_ref_resources/a176de99-390e-4065-a7fb-fe569ab2450c/12d7a89f/20230401_policies_jidougyakutai_19.pdf（2023 年 11 月 27 日閲覧）
- こども家庭庁ホームページ「子ども虐待による死亡事例等の検証結果等について（第 19 次報告）」（令和 5 年 9 月）
  https://www.cfa.go.jp/assets/contents/node/basic_page/field_ref_resources/c36a12d5-fb29-481d-861c-a7fea559909d/6735b11d/20230935_councils_shingikai_gyakutai_boushihogojirei_19-houkoku_13.pdf（2023 年 11 月 27 日閲覧）
- 三浦主博監修『（補足資料）こども家庭庁とこども基本法の概要と解説』みらい　2023 年

●学びを振り返るアウトプットノート

年　月　日（　）第（　）限　学籍番号＿＿＿＿＿＿＿＿　氏名＿＿＿＿＿＿＿＿＿＿

❖ この Chapter で学んだこと、そのなかで感じたこと（テーマを変更しても OK）

❖ 理解できなかったこと、疑問点（テーマを変更しても OK）

✣ＴＲＹしてみよう✣

1　急速な少子高齢化によって、日本は 2008（平成 20）年頃から本格的な（　　　　　）社会が始まっている。

2　現代の家族は（　　　　　）するとともに多様化している。

3　バンク-ミケルセンが提唱し、誰もが当たり前の生活、普通の生活を送ることができるように社会環境の整備・実現を目指す理念のことを（　　　　　　　　　　）という。

4　社会的排除に相対する概念で「社会的包摂」と訳され、「全ての人々を孤独や孤立、排除や摩擦から援護し、健康で文化的な生活の実現につなげるよう、社会の構成員として包み支え合う」という考え方のことを（　　　　　　　　　　　）という。

○ コラム① 君が教えてくれたこと―自閉症のわが子の心にふれた喜び―○

　保育者の仕事について学んでいくうちに、「気になる子」や「グレーゾーン」という言葉を耳にする機会が増えてくると思います。その言葉の多くが発達の段階に課題を抱えている子どもたちを示しています。障害を抱えている子どもたちは専門の療育を受けることもありますが、障害の程度や状況により、一般の園に通う場合があります。こうした子どもたちや保護者への支援をしていくうえで、保育者には今まで以上に関連分野の知識を身に付けることが求められています。そこで、これから保育者を目指すみなさんに、**「君が僕の息子について教えてくれたこと」**（NHKエンタープライズ）という映像作品をお勧めしたいと思います。

　この作品は、どのように生まれたのでしょうか。会話のできない重度の自閉症の東田直樹さんは13歳のときに自分の心の内を綴ったエッセイ**『自閉症の僕が跳びはねる理由』**（エスコアール、2007年）を出版しました。自閉症当事者として自分の心の状態を表すことで、同じように相手に気持ちを伝えることができずに悩んでいる人のため、そして、何より親に子どもの心の葛藤をわかってもらいたいという思いが込められた本です。この書籍に感銘を受けたイギリスの作家デイヴィッド・ミッチェルさんが翻訳したことをきっかけに世界中に広がりました（30か国以上で出版）。そして、東田さんとデイビットさんの出会いと、対話を中心とした、自閉症の人の心に迫るドキュメンタリー作品として**「君が僕の息子について教えてくれたこと」**は2014（平成26）年に放送、翌年にDVD化されました。

　実は、デイヴィッドさんには自閉症の息子がいます。愛する息子が何を考えているのかわからないこと、行動を理解してあげられないことにとても苦しんでいたときに、東田さんの本と出合ったのです。自閉症の子ども自身が伝えたいことがあるのに適切に表現できないもどかしさ、そしてわが子の伝えたいことを理解できない親としての苦しみがデイヴィッドさんやインタビューに答えた家族の言葉から伝わってきます。また、親子が互いを想い合っていることが東田さんの書籍を通して改めて認識できたことや、子どもをどのように支えていけば良いのかヒントを得られたことで心が救われた喜びが語られています。自閉症についての学びを深められるだけではなく、保護者の心情も理解できる作品になっています。

　なお、2020（令和2）年には、KADOKAWAの配給のもと、東田さんの同エッセイをもとにしたドキュメンタリー映画**「僕が跳びはねる理由」**も製作されました。自閉症の子どもたちが成長していく様子、生活をするうえでの難しさを描くとともに、当事者が見ている世界を映像のなかで強調して表現しています。自閉症当事者の視点を体感しながら、自閉症や保護者について、さらに理解を深めることができるはずです。

　現在、日本では障害を抱えた子どもたちや家族が憂いなく日常生活・社会生活を営むことができるようにするための法整備やサービスの拡充が進むとともに、現場で支援する保育者・

専門職者への期待も一層高まっています。これらの作品を参考に、みなさんが保育者となったときに、子どもだけではなく、保護者の抱えている多くの不安を察し、支援できるような手がかりをつかんでいただけたら良いと思います。また、障害の有無に関わらず、子育てに自信のない保護者に出会うことも度々あると思います。その際には、みなさんがそっと気持ちに寄り添い、広い心で親子を受容することができるよう多くの知識を身に付け、経験を積んでください。

〔解答〕① アスペルガー症候群　② 個別化　③ ノーマライゼーション　④ インクルージョン（共生）

社会福祉の歴史

●イメージをつかむインプットノート

Section 1 「社会福祉の歴史を学ぶ意義」のアウトライン

　私たちの日々の暮らしのなかでは、何らかの理由によって生活上の問題が起こり得ます。その問題の解決や予防のために社会保障や社会福祉サービスがありますが、これらは急にできあがったものではなく、歴史的につくられてきました。歴史を学ぶことは、制度の成り立ちを知るとともに、現在の社会福祉のあり方や意義を考えることにつながります（p.29）。

Keyword

☐ 生活問題
☐ 権利としての社会福祉

歴史を学ぶことで現在の社会福祉が見えるんだ！

Section 2 「欧米の社会福祉の歩み」のアウトライン

　社会福祉制度の成り立ちは国や時代によって違いがあります。公的および民間による救済活動が早くから展開されたイギリス・アメリカを例にあげて、社会保障や社会福祉の歩みについて学びます（p.30）。

Keyword

☐ 劣等処遇
☐ セツルメント運動
☐ 福祉国家

イギリスやアメリカでは多くの浮浪者や貧困者のために、
さまざまな制度の創設、救貧活動が行われてきました。

Section 3 「日本の社会福祉の歩み」のアウトライン

日本の社会福祉の歩みについて、主に近代以降に焦点をあてて学んでいきます（p.34）。

Keyword

- ☑ 恤救規則
- ☑ 救護法
- ☑ 福祉三法・福祉六法
- ☑ 国民皆保険・皆年金
- ☑ 社会福祉基礎構造改革
- ☑ 地域共生社会

日本の慈善救済活動の始まりには聖徳太子
（厩戸王）が関係している!?

Section 1 社会福祉の歴史を学ぶ意義

3分 Thinking

・あなたは「社会福祉の歴史」と聞いて、どのようなイメージや印象を持ちますか。思い付く限りあげてみましょう。

(Sec. 1　社会福祉の歴史を学ぶ意義)

要約 ▶ 今日の社会福祉制度やサービスは歴史的・社会的につくられてきました。権利としての社会福祉の確立や発展過程を学ぶことを通じて、現在の社会福祉の制度やサービスのあり方を考えます。

　今日の保育サービスをはじめとした社会福祉のサービスや制度は、どのようにつくられたのでしょうか。人々が生活するなかで起こるさまざまな「問題＝生活問題」がどのような理由や背景があって発生したのか、生活問題に対してどのような解決方法が採られてきたのかを知ることは、保育者となる私たちにとって大切な視点です。なぜなら、現在活用されている制度やサービスは急にできたものではなく、歴史的につくられてきたものであり、同時に社会的につくられてきたものであるからです。

　生活問題が起こった理由を考えたときに、個人の責任によるものなのか、個人の責任の範囲を超える社会的な原因によるものなのか、ということがあります。個人の責任を超えたところに生活問題があるとすれば、そのような状況に陥った原因は何であるのか、また、こうした生活問題への対応は誰が、いつ、どのように行ってきたのでしょうか。

　歴史的に見れば、いつの時代にも、飢饉や災害が起き、貧しい人々や病人、困っている人々がいました。その人々に対して、家族や親類などの血縁、近隣の相互扶助や、支配者による施しや救済がなされてきました。しかしながら、産業革命などによる急激な社会の変動は、人々の生活を大きく変えていくことになりました。具体的には、農業などの自給自足が中心の伝統的な社会から、工業化により人々が農村から都市に移動し、都市化が進みました。それまでは生活に必要なものを「共同体」と呼ばれる家族や村落などで得てきましたが、都市化した社会では、生活に必要な多くのものをお金（貨幣）によって市場で得るように変わっていきました。そして、工業化で生産力が

増した社会では、人口の増加、過酷な労働、劣悪な生活環境などにより、人々の生活においてさまざまな問題が発生しました。近代的な社会へ移りゆくなか、このような問題に対し、政府や国家、民間団体によって救済や支援が行われてきました。

　社会福祉の制度やサービスのありようは、時代や国によって違いがありますが、社会福祉という概念が誕生するに至った背景、支援の対象をどのように捉えていったのか、権利としての社会福祉が確立していく発展過程を理解することが重要です。そして、それは現在の社会福祉の制度やサービスのあり方を理解することにもつながります。

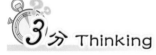

Section 2　欧米の社会福祉の歩み

3分 Thinking

・海外の社会福祉について、あなたが知っていることはありますか。具体的にあげてみましょう。

1　イギリスの社会福祉

要約　多くの浮浪者、貧困者に対して、エリザベス救貧法などの救貧制度、慈善団体の組織化、セツルメント運動が行われてきました。20世紀半ばには社会保障の各制度がつくられ、福祉国家が成立することになりました。

①エリザベス救貧法の時代

　中世の封建時代のイギリスでは、絶対王政による救貧や慈善が行われていましたが、近代的な社会に移るなかで、伝統的な社会では見られなかった大規模な貧困問題が発生しました。特に「働くことのできる貧しい人＝労働能力貧民」と呼ばれる人々が増加したことが大きな社会問題となり、救済活動が始められ、1601年にはエリザベス救貧法が制定されました。エリザベス救貧法は、貧困者に対する無差別な救済をすることによって働かない物乞いが増えるという考えから、労働能力貧民に対する救済を抑制する政策でもあったため、貧困者を労働能力に従って「労働能力貧民」「労働不能貧民」「児童」に分類しました。そのうえで、労働能力貧民には強制労働、労働不能貧民および子どもは親族の扶養が義務であるとし、それが不可能な場合は施設（救貧院）への収容、あるいは在宅での金品などの給付による生活扶養が行わ

れました。その費用はそれまでは寄付などでしたが、救貧税という税金を財源とする方法に代わりました。また、身寄りのない子どもは里子に出されたのちに就労をさせるか、男子24歳・女子21歳までの、もしくは結婚までの徒弟奉仕を強制しました。

　18世紀後半から19世紀の産業革命では、農村から都市への人々の移動や工場化が進みました。農業等の第一次産業に代わって第二次産業が盛んになるとともに、資本家が誕生し、社会も資本主義へと変わっていきます。「賃金を得る」という労働を中心とした社会では、生活状況が悪化する人々が増え、さらに凶作などの影響を受け、社会不安が増大していきました。その結果、従来の救貧制度を変えていく必要があるとされ、1834年に新救貧法が成立しました。新救貧法は、①均一処遇の原則（救済は全国的に統一した方法でなされる）、②院内救済の原則（労働能力貧民に対する在宅救済を廃止し、ワークハウスと呼ばれる労役場に収容する）、③劣等処遇の原則（すべての救済を最下級の自立労働者の生活水準や労働条件以下とする）という3原則に基づいていました。

②慈善事業の発展

　産業革命を経て、イギリスは繁栄の時代を迎えていましたが、一方で貧富の格差も広がっていました。そのため、生活に困窮する人々への援助が富める者の義務として考えられるようになり、民間による救済活動も行われるようになります。1869年にイギリスで結成された慈善組織協会（COS：Charity Organization Society）は、複数の慈善事業団体が組織化されたものでした。

　また、単なる施しでは貧しい人々を救うことができないと実感したデニソン（Denison,E.）らによって、支援者が貧困者の生活する地域に住み込み、生活をともにしながら支援や訓練を行うことを通じて、問題の解決や社会改良を図るセツルメント運動が始められました。この運動によって社会的な問題とその解決策を提示し、国家の政策につなげるという社会改良の考えを展開していきました[*1]。

③福祉国家への転換

　20世紀前後に行われたブース（Booth,C.）のロンドン調査、ラウントリー（Rowntree,B.S.）のヨーク調査によって、貧困は個人の問題ではなく、低賃金や不安定な労働条件等が原因であることが判明しました。その後、世界恐慌や二度の世界大戦により、救貧法の全面的な見直しが求められるようになります。1942年のベヴァリッジ（Beveridge,W.）を委員長とするベヴァリッジ報告では、窮乏・疾病・無知（教育が受けられない）・不潔（劣悪な生活環境）・

*1
COSによる活動はケースワークの源流、セツルメント運動はグループワークやコミュニティワークの源流であるとされ、これらの活動がソーシャルワークの起源といえます（p.153も参照）。

怠惰（失業）の5つの巨大悪の解消が示されました。この報告書は「ゆりかごから墓場まで」といわれる政策体系の基礎となり、安心して生活できる福祉国家のシステムの整備が目指されました。国民の自発的行動を抑えない範囲で、ナショナル・ミニマム（最低限度の生活水準）を保障することを掲げ、社会保険を中心とした所得保障が進められました。なお、本報告はイギリスだけでなく、日本を含めた諸外国の福祉国家の形成にも大きな影響を与えました。

　医療については、1948年に国営の国民保健サービス（NHS：National Health Service）が創設されました。NHSはすべての住民を対象として、疾病予防やリハビリテーションを含めた包括的な医療サービスが、主として税を財源として原則無料で提供されています。4つの地域（イングランド、スコットランド、ウェールズ、北アイルランド）に分割され、医療サービスの内容や予算はそれぞれの地域で独立した運営がなされています。

　また、1960年代に入ると貧困者の増加、障害のある人や高齢者は施設に収容・隔離されるなど、厳しい状況下に置かれました。1968年にシーボーム報告[*2]を受けて福祉サービスは、国家から原則地方自治体により提供されることになり、コミュニティ・ケアへの転換が進められました。さらに、1979年に「鉄の女」と称されたサッチャー（Thatcher,M.H.）首相が就任すると、経済成長が最優先とされ、民間による経済の立て直しを図るとともに、福祉削減の政策が推し進められました。

*2　シーボーム報告
地方自治体の社会福祉行政の基本的枠組みを抜本的に改革するよう求めた報告書をいいます。

2　アメリカの社会福祉

要約　貧困者などへの救済活動は、イギリスから導入された民間の慈善事業団体やセツルメント運動が中心で、連邦政府による保障は20世紀前半になって開始されます。アメリカの社会保障制度の特徴は、原則として個人の生活に干渉しないという自己責任の精神と、連邦制による州の権限によって運営されていることがあげられます。

①植民地時代から産業革命へ―救済活動の実際―

　植民地化とともに始まったアメリカの貧困者への救済は、イギリスの救貧法を応用した「植民地救貧法」によって各地で行われていました。アメリカの建国は1776年の独立宣言によりますが、1800年代初頭にはアメリカにおいても産業革命が起こり、イギリスなどと同じく、失業者や貧困者、浮浪児・者の増加、犯罪などで社会不安が大きくなっていました。

　こうした問題に対し、ニューヨーク州では1824年にカウンティ救貧院法が成立し、働くことができない人々に対する救済が行われました。対象は

孤児、高齢者、病人などでさまざまな人々が救貧院に収容されましたが、その生活環境は劣悪なものでした。また、この時期には民間による救済活動も始まり、1886年にニューヨークで「ネイバーフッド・ギルド」が、1889年にシカゴで「ハル・ハウス」が設立され、セツルメント運動が開始されました。20世紀に入ると、貧困の社会問題化は深刻な状況となり、働いて自活する意志のあることを重視する、というこれまでの救済方針の変更を余儀なくされます。

　アメリカにおいては、原則として連邦政府が個人の生活に干渉しないという自己責任の精神が強いことが背景にあり、民間による慈善活動のほか、タウンやシティと呼ばれる地方自治体による救済が中心でした。国による社会保障制度が開始されるのは1935年の社会保障法の成立以降となります。

②社会保障法の成立以降

　1929年以降の世界的な大恐慌と長期間にわたる不況のために大量の失業者と貧困者が発生しました。そのためルーズベルト大統領（Roosevelt, F. D.）は、1933年にニューディール政策*3を発表し、その一環として1935年に社会保障法が成立しました。社会保障法は、年金保険と失業保険の社会保険と社会福祉サービスを含む公的扶助が中心となった所得保障の意味合いが強い制度でした。現在も大部分の有業者に適用される老齢・遺族・障害保険（OASDI：Old-Age, Survivors, and Disability Insurance）は年金制度として位置付けられています。

　その後、公民権法*4（1964年）、アメリカ高齢者法*5（1965年）、アメリカ障害者法*6（1990年）などが成立し、福祉政策が採られるとともに社会保障法も改正されていきます。1965年には65歳以上の高齢者を対象とした公的医療保険の「メディケア（Medicare [Medical ＋ Care]）」、低所得者を対象とした公的医療扶助の「メディケイド（Medicaid [Medical ＋ Aid]）」が実施されます。また、補助的な所得保障（SSI：Supplement Security Income）や貧困家庭一時扶助（TANF：Temporary Assistance for Needy Families）といった公的扶助制度も創設されます。このように公的な保障の対象となるのは高齢者、障害者、低所得者などに限定されています。

　1974年には社会保障法による所得保障と社会福祉サービスが分離され、社会福祉サービスは州ごとの権限でサービス提供がなされるようになりました。さらに1996年には個人責任及び就労機会調整法(The Personal Responsibility and Work Opportunity Reconciliation Act of 1996)が成立するなど、一連の福祉改革が進められました。政府は「福祉から就労へ（Welfare to Work）」を打ち出し、福祉政策の基本方針となっています。

＊3　**ニューディール政策**
大恐慌によって生じた大勢の失業者や貧困者への対策として打ち出した政策をいいます。国家が積極的に経済活動に介入し、金融の操作や雇用創出、緊急救済法などの法整備がなされました。

＊4　**公民権法**
1950～1960年代に、アフリカ系アメリカ人に対する差別撤廃のために行った公民権運動により成立した法律をいいます。

＊5　**アメリカ高齢者法**
高齢アメリカ人法とも呼ばれ、この法律の制定によって各種の高齢者福祉サービスが各州において提供されるようになりました。

＊6　**アメリカ障害者法**
障害を持つアメリカ国民法とも呼ばれ、公共施設、移動や交通、教育、雇用等の場面において、心身に障害を持つ者への差別や排除を禁止するとともに、社会参加の保障を政府や行政機関、民間機関に義務付けています。

日本の社会福祉の歩み

3分 Thinking

・日本の社会福祉はどのように発展していったのか、イメージしてみましょう。

1 日本における慈善救済事業、公的救済制度の始まり

> **要約** 古くは仏教思想による慈善救済活動と、人々の相互扶助が行われていました。公的な救済制度の始まりは、明治時代の「恤救規則」からといえます。

①明治以前

> **＊7 四箇院**
> 悲田院は病人や孤児などを収容する、今日でいう社会福祉施設、敬田院は仏教的教化を目的とする施設、施薬院は病人などへの薬を無料配布する施設、療病院は病人を治療する施設です。

> **＊8 鰥寡孤独貧窮老疾**
> 「鰥」は61歳以上の妻のない者、「寡」は50歳以上の夫のない者、「孤」は16歳以下で父のない者、「独」は61歳以上で子のない者、「貧窮」は財貨に困っている者、「老」は66歳以上で子のない者、「疾」は疾病者のことを指します。

わが国の慈善救済活動の始まりは、593（推古元）年に聖徳太子（厩戸王）によって建立された四箇院（悲田院、敬田院、施薬院、療病院）＊7ではないかといわれています。

718（養老2）年には、わが国初の公的扶助制度である「戸令」によって親族による援助が得られない者に救済が行われましたが、その対象は「鰥寡孤独貧窮老疾」＊8で、基本的には近親者が救済することになっていました。この時代には法相宗の僧の行基によって、多くの慈善救済活動が行われたと記録があります。また、聖武天皇の皇后であった光明皇后は、興福寺に悲田院と施薬院を設置し慈善活動を行いました。この実践は、国家的な意味合いを持つ福祉事業であったと考えられます。さらに、女官であった和気広虫は、戦乱や飢饉で孤児になった83人の子どもを自宅に引き取り養育しました。これがわが国における児童養護施設の始まりだとも考えられています。これらのことから、このころの仏教を背景とした慈善救済事業がわが国の社会福祉の起源と見ることができます。

鎌倉時代からは村落共同体を中心とした「結」や、宗教的な共同体である「講」などによる相互扶助組織が整備され、これらが福祉的な役割を担っていました。江戸時代には、幕藩体制のもとで五人組制度による相互扶助が行われたほか、町入用金の節約分7割を積み立てて貧民救済の資金とする七分積金制度が設けられました。さらに、公的な救済施設として、無料の医療施設である小石川養生所や、浮浪者の無宿者対策として石川島人足寄場が設立され職業訓練も行われていました。このほかにも諸藩において、藩主による独自の生活困窮者への救済活動が行われました。

②明治期

　明治新政府は幕藩体制を廃止し、新しい国家体制を確立するにあたり、富国強兵・殖産興業という近代化を推し進めましたが、急激な社会的変革によって多くの貧民が発生し下層社会が形成されたのも事実です。1874（明治7）年に、政府は公的扶助制度として、「恤救規則」を公布しました。この規則は、生活困窮者の公的救済を目的としたわが国で最初の統一的な基準を持った救済制度で、一定の米が支給されました（のちに金銭給付となる）。しかし、その対象者は家族や親族ならびに近隣による扶養のない「無告ノ窮民（身寄りのない貧困者）」*9 に限定されていました。

　国家の取り組みが不十分ななかで、主に福祉の発展を担ったのは民間の慈善家といわれる人たちの慈善事業でした。そのなかで、キリスト教の信仰を持つ人々による慈善事業が多く見られます。岩永マキ設立の浦上養育院（1874［明治7］年）や石井十次設立の岡山孤児院（1887［同20］年）は、現在の児童養護施設や乳児院にあたります。そのほかにもアダムス（Adams,A.P.）による岡山博愛会（1891［同24］年）や、片山潜によってわが国で初めて設立されたセツルメント運動の拠点であるキングスレー館（1897［同30］年）では、地域福祉活動が行われました。また、石井亮一によってわが国で最初の知的障害児のための施設（現・福祉型障害児入所施設）である滝乃川学園（1891［同24］年）が、ソーントン（Thornton,E.）によって現在の養護老人ホームにあたる聖ヒルダ養老院（1895［同28］年）が設立されました。さらに、留岡幸助によって現在の児童自立支援施設の前身である家庭学校（1899［同32］年）が、野口幽香と森島峰（美根）によって、貧民街の子どもたちの幼児教育の場として二葉幼稚園（1900［同33］年）が設立されました。

　このような民間の宗教家や篤志家が中心となった慈善事業は、次第にその範囲を広げ、全国的な連絡組織設立の必要性が求められることになりました。そして、1908（明治41）年に今日の全国社会福祉協議会の前身である中央慈善協会が設立され、渋沢栄一が初代会長となりました。

③大正期

　大正期以降も、わが国はさらなる近代化を推し進め、産業の振興を優先した結果、ますます国民の生活は不安定になり、生活困窮者が増加して都市労働者の多くは劣悪な労働環境のもと、厳しい生活を強いられるようになりました。この時期には、今日の民生委員 *10 制度の前身となる岡山県の済世顧問制度（1917［大正6］年）、大阪府の方面委員制度（1918［同7］年）が創設され、貧困者への救済活動など重要な役割を果たしていくこととなりました。

*9　**無告ノ窮民**
具体的には、障害者、70歳以上の老衰者、疾病により労働ができない者、13歳以下の子どもをいいます。

*10　**民生委員**
p.186を参照のこと。

昭和期に入ると、世界恐慌の影響を受け多くの社会問題が発生しました。そのような社会情勢から、新たな公的救済制度の早期実現が求められるようになり、「恤救規則」に代わり、1929（昭和4）年に「救護法」が制定されましたが、財政難から施行は1932（同7）年までずれこみました。この法律は、対象者の範囲や救護の種類が拡大された一方で、扶養義務者がいる者や労働能力のある者は対象から外されたことから、貧困者のニーズに合った法律にはなり得ませんでした。

その後、わが国は日中戦争、第二次世界大戦へ進んでいきます。戦時下のわが国は軍国主義の道を歩み、これまでの社会事業は戦争に寄与する厚生事業へと変化していきました。

2　日本における社会福祉事業の始まり（第二次世界大戦後から現代）

要約 ▶ 戦後の新しい国家づくりの基盤の一つとして社会福祉事業が展開されます。従来の公的な救済制度のみならず、その時々に高まったニーズに応じた、福祉サービスが整備されてきました。近年では、地域における生活課題に対応する、地域での支え合いを進めるための、住民と行政の協働による新しい福祉のあり方が議論されています。

①戦後対策と福祉三法体制の成立

第二次世界大戦後における緊急対策として求められたのは、引揚者や失業者などを中心とした生活困窮者に対する生活援護施策と、劣悪な食糧事情や衛生環境への対策でした。そこで、1946（昭和21）年に生活困難者に対して最低生活保障を行う「（旧）生活保護法」が制定されました。その後、同年に公布された「日本国憲法」には、第25条において生存権の保障が明記されました。

この「日本国憲法」の理念に基づき、戦争で養育者を亡くした戦争孤児に対応すべく1947（昭和22）年に「児童福祉法」、戦争で受傷した傷痍軍人に対応すべく1949（同24）年に「身体障害者福祉法」が成立し、1950（同25）年には「（旧）生活保護法」が改正されて新しい「生活保護法」が制定され、いわゆる福祉三法が整いました。さらに、1951（同26）年に「社会福祉事業法（現・社会福祉法）」が成立し、戦後の新しい時代に向けた社会福祉の基盤が整いました。

こうした法律の制定は、その責任の所在を国家としたことに特徴があり、従来国家の代替として行われてきた慈善事業や社会事業を国家の責任で行うことになったといえます。このように、社会的課題を国家の政策課題として

取り組む方向性が示されたことは、ある意味での新しい社会福祉の始まりと捉えることができます。

②福祉六法体制と国民皆保険・皆年金体制の成立

昭和30年代には、わが国は本格的な経済の成長期に入り、国民の生活も向上しました。しかし、その反面で貧困問題や公害問題、核家族化など新たな社会問題が顕著化した時代でもあります。そこで、さまざまな社会問題に対応するための新たな福祉の法律として、1960（昭和35）年に「精神薄弱者福祉法（現・知的障害者福祉法）」、1963（同38）年に「老人福祉法」、1964（同39）年に「母子福祉法（現・母子及び父子並びに寡婦福祉法）」が成立し、先の福祉三法に加えて福祉六法体制となりました。

また、1950年代には貧困者の救済だけでなく、その予防や国民の健康増進、老後の暮らしの充実など、国民の生活を豊かにすることを目指した社会保障制度が確立しました。具体的には、1958（昭和33）年の「国民健康保険法」の改正と翌1959（同34）年の「国民年金法」の制定によって、原則としてすべての国民が何らかの公的な医療保険制度・年金制度に加入する「国民皆保険・皆年金」体制が整いました。

③福祉元年から社会福祉の見直し

1970年代に入るとさらなる好景気を背景にして、1970（昭和45）年に、社会福祉施設の不足を解消することを目的として「社会福祉施設緊急整備5ヵ年計画」が策定されました。また、同年には「児童手当法」が成立し、1973（同48）年には70歳以上の高齢者の医療費無料化など、社会福祉施策の拡充が図られました。政府は1973年を「福祉元年」と位置付けましたが、同年秋に起きたオイルショック（第一次石油危機）の影響で、国家財政は落ちこみ、たちまち「社会福祉の見直し」へと方向転換せざるを得ない状況となりました。

④社会福祉基礎構造改革 *11

赤字財政の立て直しが図られるなか、次第に少子高齢化の問題が現れ始め、大きな課題となっていきました。また、社会福祉見直しの流れから1980年代に福祉行政の大幅な見直しが始まり、1990（平成2）年には「老人保健法等の一部を改正する法律」などの、いわゆる福祉関係八法の改正が行われ、市町村を中心とした福祉行政の展開がなされるようになりました。

1999（平成11）年には、社会福祉事業法制定以来大きな改正が行われていない社会福祉の共通基盤制度の見直しについて示した「社会福祉基礎構造

*11　**社会福祉基礎構造改革**
p.48も参照のこと。

＊12
措置制度、契約制度
とも p.49 を参照のこ
と。

改革について」が発表されました。これを受けて 2000 年（同 12）年には
「社会福祉の増進のための社会福祉事業法等の一部を改正する等の法律」が
成立し、福祉サービスの利用が措置制度から契約制度[12]に移行するなど、
社会福祉のあり方を大きく変えることとなりました。この社会福祉基礎構造
改革は、戦後の福祉サービス供給の仕組みを見直し、利用者の選択権やサー
ビス主体の多様性の重視が図られた改革といえます。

⑤これからの社会福祉

　かつてわが国では、地域の相互扶助や家族同士の助け合いなどの地域・家
庭・職場におけるさまざまな支え合いの機能が存在していましたが、近年で
はその支え合いの基盤が弱まってきています。そこで、人々が住み慣れた地
域で自分らしく暮らしていけるよう地域住民が支え合い、一人ひとりの暮ら
しと生きがい、地域をともに創っていくことのできる「地域共生社会」[13]
の実現に向けた地域福祉の推進に取り組まれており、2017（平成 29）年か
らは「我が事・丸ごと」の地域づくり推進事業が実施されています。

＊13　地域共生社会
p.183 を参照のこと。

　また Ch.1 で見た、子どもや子育て家庭を取り巻く諸問題に対し、各省庁
が一体的な支援を行えるよう、子ども政策全体を総括する「こども家庭
庁」[14]が 2023（令和 5）年 4 月に創設されました。このことは、福祉の領
域のみでなく広く対応していく新しい行政の方向性の現れともいえます。

＊14　こども家庭庁
p.57、p.109 を参照
のこと。

【参考文献・参考ホームページ】

Section 1・2
- 相澤譲治・杉山博昭編『十訂　保育士をめざす人の社会福祉』みらい　2023 年
- 厚生労働省ホームページ『2022 年海外情勢報告』（本文）
  https://www.mhlw.go.jp/stf/toukei_hakusho/kaigai23.html（2023 年 8 月 14 日閲覧）
- 清水教惠・朴光駿編『よくわかる社会福祉の歴史』ミネルヴァ書房　2011 年
- 高島進『社会福祉の歴史—慈善事業・救貧法から現代まで—』ミネルヴァ書房　1995 年
- 成清美治・加納光子編『第 12 版　現代社会福祉用語の基礎知識』学文社　2015 年
- 松村祥子『欧米の社会福祉の歴史と展望』放送大学教育振興会　2011 年
- 山縣文治・柏女霊峰編『社会福祉用語辞典　第 9 版』ミネルヴァ書房　2013 年

Section 3
- 池田敬正『日本における社会福祉のあゆみ』法律文化社　1994 年
- 宮城洋一郎『日本古代仏教の福祉思想と実践』岩田書院　2018 年
- 宮城洋一郎『日本仏教救済事業史研究』永田文昌堂　1993 年
- 朴光駿『社会福祉の思想と歴史—魔女裁判から福祉国家の選択まで—』ミネルヴァ書房　2004 年

●学びを振り返るアウトプットノート

年　月　日(　)　第(　)限　　学籍番号................................　氏名...

❖ この Chapter で学んだこと、そのなかで感じたこと（テーマを変更しても OK）

❖ 理解できなかったこと、疑問点（テーマを変更しても OK）

❖ＴＲＹしてみよう❖

① イギリスの新救貧法（1834 年）では、労働能力貧民への救済は、一般労働者の最低限度の生活水準よりも低いものでなければならないとする（　　　　　）を原則とした。

② アメリカは 65 歳以上の高齢者を対象とした公的医療保険の（　　　　　）と、低所得者を対象とした公的医療扶助の（　　　　　）がある。

③ 1874（明治 7）年に、生活困窮者の公的救済を目的としたわが国で最初の統一的な基準を持つ救済制度である（　　　　　）が公布された。

④ 1958（昭和 33）年の国民健康保険法の改正と 1959（同 34）年の国民年金法の制定によって、原則としてすべての国民が何らかの公的な医療保険制度・年金制度に加入する（　　　　　　　　）体制が整った。

○ コラム② 映画から社会福祉の歴史を学ぶ ○

　この Chapter では、イギリス、アメリカ、日本の社会福祉の歴史について学んできました。その歴史的背景をよりイメージしやすくなる映画を 3 本紹介したいと思います。

　イギリスからは「**オリバー・ツイスト**」です。19 世紀半ばに子どもが劣悪な環境で労働を強いられたことや救貧院での様子などが描かれています。孤児である主人公のオリバーは救貧院を追い出され奉公に出されますが、そこでも冷遇されその家を抜け出します。そして、たどり着いたロンドンでは窃盗団の一味に巻き込まれていきますが、正義感が強くきれいな心の持ち主であるオリバーだからこそ迎えることができたエンディングが待っています。当時の救貧院の様子、児童労働、子ども虐待などに着目し、エリザベス救貧法や新救貧法が出された時代の様子を感じ取っていただければと思います。

　次に、アメリカからは「**サイダーハウス・ルール**」です。舞台は 1940 年代、第二次世界大戦中の出来事。主人公のホーマーは、孤児院でラーチ医師に育てられ医術を学び、孤児院での出産や堕胎手術にも立ち会うようになります。しかし、ホーマーは堕胎手術を拒絶し孤児院を飛び出すと、りんご農園で働き始めます。そこで今まで知らなかった世界にふれ見聞を広め、さらにある事件が起きることで大きく成長していきます。当時の孤児院での暮らしの様子、人種差別問題、性的虐待、望まない妊娠、堕胎の賛否、傷痍軍人問題などに着目し、孤児院で育つ子どもの成長を感じ取っていただければと思います。

　最後に、日本からは「**この世界の片隅に**」です。主人公のすずは 18 歳で広島市から軍港のある呉市に嫁ぎます。戦火は激しくなり原爆が投下され、身内をはじめたくさんの人が亡くなっていくなかでも、すずは強くたくましく生きていきます。自給自足の生活、配給や闇市、空襲、防空壕への避難、原爆投下の様子、隣保館での助け合い、母を亡くした孤児、戦争が引き裂く人の縁、焼け野原になった街などに着目し、戦争の悲惨さとともに家族や地域とのつながりの大切さについて感じ取っていただければと思います。

　これらの映画から、人は社会状況によりすぐに貧困状態に陥ること、そして貧困からの脱却がいかに困難か、そして脱却に向けた政策や制度は現代の福祉支援につながっているということがわかると思います。今日の日本では戦争はありません。しかし、子どもの虐待や貧困など新たな課題が生じています。歴史を忘れると同じことを繰り返します。昔を知り、今を生き、未来をつくることができる保育者を目指してください。

①参考文献　②アメリカ　アメリカ　③伽藍建築　④国民居住者・長老会

社会福祉法制

●イメージをつかむインプットノート

Section 1 「福祉分野の法律」のアウトライン

日本国憲法のもと、さまざまな分野の法律が制定されていますが、この Section では福祉分野の法律について学んでいきます（p.42）。

Keyword

☐ 日本国憲法
☐ 社会福祉法
☐ 福祉六法

- 社会福祉分野の法律
- 教育分野の法律
- 医療分野の法律
- 栄養・食育分野の法律

日本国憲法を頂点として、さまざまな分野の法律が制定されています。

Section 2 「社会福祉基礎構造改革と福祉サービスの利用の仕組み」のアウトライン

この Section では、社会福祉制度全般について抜本的な見直しを行った「社会福祉基礎構造改革」についてと、それに関連する福祉サービスの利用の仕組みについて学んでいきます（p.48）。

Keyword

☐ 社会福祉基礎構造改革　☐ 措置制度
☐ 契約制度　☐ 応能負担　☐ 応益負担

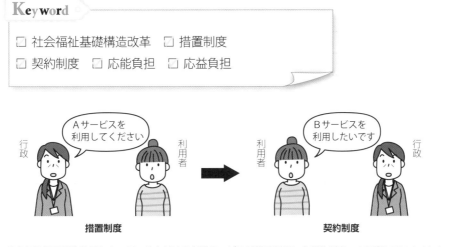

社会福祉基礎構造改革によって、社会福祉の各種サービスが措置制度から契約制度へと転換していきました。

Section 1 福祉分野の法律

3分 Thinking

・保育士を目指すみなさんが法律を学ぶ意味はどこにあるのか考えてみましょう。

1　日本国憲法と福祉分野の法体系

要約 ▶ 日本国憲法は国の「最高法規」です。戦後に公布され、福祉分野の法律の基本原理となる「生存権」などについて規定されています。

①日本国憲法と社会福祉

日本国憲法は、国の「最高法規」です。戦後、1947（昭和22）年5月3日に施行されました。わが国の社会福祉法制は、この日本国憲法を頂点として、次項以降で学ぶ「社会福祉法」をはじめ「福祉六法」などが制定されることになり（図3-1）、さらにはこれらの法令に基づいて福祉サービスが実施される仕組みになっています。

②日本国憲法の3原則―基本的人権の尊重―

日本国憲法では、「国民主権・基本的人権の尊重・平和主義」を基本原理として定めています。

基本的人権とは、人が生まれながらにして持つ権利のことです。この権利は最大限に尊重される必要があり、侵すことのできない永久の権利として規定されています。具体的には、すべての国民が自由に生きるための権利としての「自由権」、人種、信条、性別、社会的身分、門地などにより差別されないとする「平等権」、健康で文化的な最低限度の生活を営むことを保障する「生存権」、教育を受ける権利、勤労の権利、労働三権などの「社会権」等を定めています。

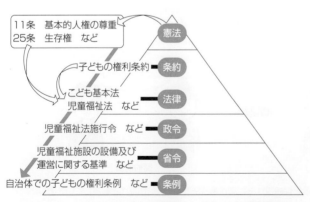

図3-1　子ども家庭福祉分野から見た法の階層関係
出典：比嘉眞人監修、石山直樹・岡本眞幸・田家英二編『輝く子どもたち 子ども家庭福祉論［第2版］』2022年　みらい　p.67を一部改変

③日本国憲法第 25 条

　日本国憲法第 25 条第 1 項では、すべての国民の生存権の保障を謳っています。また同条第 2 項では、生存権を保障するために、社会保障と公衆衛生とともに社会福祉の向上と増進に努めることを国の義務としています。

> **第 25 条（生存権および国民生活の社会的進歩向上に努める国の義務）**
> ①　すべて国民は、健康で文化的な最低限度の生活を営む権利を有する。
> ②　国は、すべての生活部面について、社会福祉、社会保障及び公衆衛生の向上及び増進に努めなければならない。

　この日本国憲法第 25 条等を引用する法律として、例えば、生活保護法第 1 条では「日本国憲法第 25 条に規定する理念に基き、（中略）その最低限度の生活を保障するとともに、その自立を助長すること」を、国民年金法第 1 条では「日本国憲法第 25 条第 2 項に規定する理念に基き、（中略）国民生活の安定がそこなわれることを国民の共同連帯によつて防止し、もつて健全な国民生活の維持及び向上に寄与すること」を目的として規定されています。ここにおいても、国家には生活保障の義務があることが明らかにされています。

④日本国憲法第 11 条・第 13 条・第 14 条

　日本国憲法第 11 条には「基本的人権の享有」、第 13 条には「個人の尊重」、第 14 条には「国民の平等性」について定められています。上記の第 25 条の生存権だけでなく、今日のわが国の社会福祉はこうした人権や権利の思想も拠り所としています。

2　社会福祉法

> **要約**　社会福祉法は、わが国の社会福祉に関するあらゆる事項の共通基礎概念を定めた基盤となる法律です。

①社会福祉法の理念、目的

　社会福祉法は、わが国の社会福祉に関するあらゆる事項の共通基礎概念を定めた基盤となる法律です。1997（平成 9）年以降、新たな社会福祉体制を図ることを目的として、中央社会福祉審議会において「社会福祉基礎構造改革」に関する検討が本格化され、2000（同 12）年 6 月に「社会福祉事業法」から「社会福祉法」へと改正・改称されました。

　第 1 条では法の目的を以下のように定めています。また同法第 2 条では、社会福祉事業の範囲について、その対象者の要援護性、事業の対象者に与え

る影響の度合いなどから、「第1種社会福祉事業」および「第2種社会福祉事業」に分類しています。そのほかにも、社会福祉事務所、社会福祉法人、地域福祉の推進などについて定められています。

> **社会福祉法　第1条（目的）**
>
> 　この法律は、社会福祉を目的とする事業の全分野における共通的基本事項を定め、社会福祉を目的とする他の法律と相まって、福祉サービスの利用者の利益の保護及び地域における社会福祉（中略）の推進を図るとともに、社会福祉事業の公明かつ適正な実施の確保及び社会福祉を目的とする事業の健全な発達を図り、もって社会福祉の増進に資することを目的とする。

②社会福祉事業

○第1種社会福祉事業

　第1種社会福祉事業は、利用者への影響が大きく、経営の安定を通じた利用者の保護の必要性が高い事業（主として入所施設サービス）です（表3−1）。そのため、経営主体については、社会福祉法第60条で「社会福祉事業のうち、第1種社会福祉事業は、国、地方公共団体又は社会福祉法人が経営することを原則とする」と定められています。

○第2種社会福祉事業

　第2種社会福祉事業は、比較的利用者への影響が小さく、公的規制の必要性が低い事業（主として在宅サービス）です（表3−2）。経営主体には制限が設けられておらず、都道府県知事に届出をすればよいことになっています。

表3−1　社会福祉法における各種事業の分類（第1種社会福祉事業）

・生活保護法に規定する救護施設、更生施設
・生計困難者を無料または低額な料金で入所させて生活の扶助を行う施設
・生計困難者に対して助葬を行う事業
・児童福祉法に規定する乳児院、母子生活支援施設、児童養護施設、障害児入所施設、児童心理治療施設、児童自立支援施設
・老人福祉法に規定する養護老人ホーム、特別養護老人ホーム、軽費老人ホーム
・障害者の日常生活及び社会生活を総合的に支援するための法律に規定する障害者支援施設
・困難な問題を抱える女性への支援に関する法律に規定する女性自立支援施設[注1]
・授産施設
・生計困難者に対して無利子または低利で資金を融通する事業
・共同募金を行う事業

注1：下線部は、2022（令和4）年に成立、2024（同6）年4月1日施行の新法、施設です。従来、「売春防止法に規定する婦人保護施設」とされていましたが、新法に基づく施設として改称されています。

出典：厚生労働省『令和5年版厚生労働白書（資料編）』日経印刷　p.195を一部改変

表3－2　社会福祉法における各種事業の分類（第2種社会福祉事業）

- ・生計困難者に対して日常生活必需品・金銭を与える事業
- ・生計困難者生活相談事業
- ・生活困窮者自立支援法に規定する認定生活困窮者就労訓練事業
- ・児童福祉法に規定する障害児通所支援事業、障害児相談支援事業、児童自立生活援助事業、放課後児童健全育成事業、子育て短期支援事業、乳児家庭全戸訪問事業、養育支援訪問事業、地域子育て支援拠点事業、一時預かり事業、小規模住居型児童養育事業、小規模保育事業、病児保育事業、子育て援助活動支援事業、親子再統合支援事業、社会的養護自立支援拠点事業、意見表明等支援事業、妊産婦等生活援助事業、子育て世帯訪問支援事業、児童育成支援拠点事業、親子関係形成支援事業[注2]
- ・児童福祉法に規定する助産施設、保育所、児童厚生施設、児童家庭支援センター、<u>里親支援センター</u>[注2]
- ・児童福祉増進相談事業（利用者支援事業など）
- ・就学前の子どもに関する教育、保育等の総合的な提供の推進に関する法律に規定する幼保連携型認定こども園
- ・母子及び父子並びに寡婦福祉法に規定する母子家庭日常生活支援事業、父子家庭日常生活支援事業、寡婦日常生活支援事業
- ・母子及び父子並びに寡婦福祉法に規定する母子・父子福祉施設
- ・老人福祉法に規定する老人居宅介護等事業、老人デイサービス事業、老人短期入所事業、小規模多機能型居宅介護事業、認知症対応型老人共同生活援助事業、複合型サービス福祉事業
- ・老人福祉法に規定する老人デイサービスセンター（日帰り介護施設）、老人短期入所施設、老人福祉センター、老人介護支援センター
- ・障害者の日常生活及び社会生活を総合的に支援するための法律に規定する障害福祉サービス事業、一般相談支援事業、特定相談支援事業、移動支援事業、地域活動支援センター、福祉ホーム
- ・身体障害者福祉法に規定する身体障害者生活訓練等事業、手話通訳事業または介助犬訓練事業もしくは聴導犬訓練事業
- ・身体障害者福祉法に規定する身体障害者福祉センター、補装具製作施設、盲導犬訓練施設、視聴覚障害者情報提供施設
- ・身体障害者更生相談事業
- ・知的障害者更生相談事業
- ・生計困難者に無料または低額な料金で簡易住宅を貸し付け、または宿泊所等を利用させる事業
- ・生計困難者に無料または低額な料金で診療を行う事業
- ・生計困難者に無料または低額な費用で介護老人保健施設、介護医療院を利用させる事業
- ・隣保事業
- ・福祉サービス利用援助事業
- ・各社会福祉事業に関する連絡または助成を行う事業

注1：下線部は、2022（令和4）年の児童福祉法の改正により、2024（同6）年4月1日から実施の事業、新設の児童福祉施設です。

出典：表3－1と同じ

3　福祉六法

> **要約**　福祉六法とは、児童、高齢者、障害者、母子・父子家庭や貧困対策までの各分野の基礎となる法律です。昭和20年代では福祉三法体制、昭和30年代では六法体制になります。

①戦後の復興と福祉三法体制の確立

　戦後の混乱期において、特に国策として急務であったのは、戦災孤児、引揚者、傷痍軍人および民間の戦災被害者の救済でした。こうした状況に対応するために、昭和20年代に「児童福祉法」「身体障害者福祉法」「生活保護法」が制定されました。これらは「福祉三法」と呼ばれています。各法律における理念や目的は以下の通りです。

○児童福祉法　1947（昭和22）年

第1条（児童福祉の理念）

　全て児童は、児童の権利に関する条約の精神にのつとり、適切に養育されること、その生活を保障されること、愛され、保護されること、その心身の健やかな成長及び発達並びにその自立が図られることその他の福祉を等しく保障される権利を有する。

○身体障害者福祉法　1949（昭和24）年

第1条（目的）

　この法律は、障害者の日常生活及び社会生活を総合的に支援するための法律（中略）と相まつて、身体障害者の自立と社会経済活動への参加を促進するため、身体障害者を援助し、及び必要に応じて保護し、もつて身体障害者の福祉の増進を図ることを目的とする。

○生活保護法　1950（昭和25）年

第1条（目的）

　この法律は、日本国憲法第25条に規定する理念に基き、国が生活に困窮するすべての国民に対し、その困窮の程度に応じ、必要な保護を行い、その最低限度の生活を保障するとともに、その自立を助長することを目的とする。

②高度経済成長期と福祉六法体制の確立

　昭和20年代に福祉三法体制が築かれたのち、世界情勢は東西冷戦時代に突入し、1950（昭和25）年に朝鮮戦争が勃発します。日本の産業界はこの戦争による特需を受けることになり、昭和30年代には経済の奇跡的な復興である「高度経済成長期」を迎えました。終戦直後からの厳しかった暮らしが激変し豊かさをもたらしましたが、若者の都市部への集団就職により、都市部へ人口が流入し、地方では過疎化や核家族化が進行するなど、これまでの家族形態の変容が起こりました。また、急速な工業化によって公害問題が発生するなどの社会問題が起こり、公害の影響で障害を持って生まれる人や中途で障害を持つ人もいました。こうした社会状況に対応するため、福祉三法体制から、新たに「知的障害者福祉法（旧・精神薄弱者福祉法）」「老人福祉法」「母子及び父子並びに寡婦福祉法（旧・母子福祉法）」が制定され、「福祉六法」体制が確立しました。各法律における目的は以下の通りです。

○知的障害者福祉法（旧・精神薄弱者福祉法[*1]）　1960（昭和35）年

第1条（目的）

　この法律は、障害者の日常生活及び社会生活を総合的に支援するための法律（中略）と相まつて、知的障害者の自立と社会経済活動への参加を促進するため、知的障害者を援助するとともに必要な保護を行い、もつて知的障害者の福祉を図ることを目的とする。

*1
1998年（平成10）年に改題されました。

○老人福祉法　1963（昭和38）年

第1条（目的）

　この法律は、老人の福祉に関する原理を明らかにするとともに、老人に対し、その心身の健康の保持及び生活の安定のために必要な措置を講じ、もつて老人の福祉を図ることを目的とする。

○母子及び父子並びに寡婦福祉法（旧・母子福祉法[*2]）　1964（昭和39）年

第1条（目的）

　この法律は、母子家庭等及び寡婦の福祉に関する原理を明らかにするとともに、母子家庭等及び寡婦に対し、その生活の安定と向上のために必要な措置を講じ、もつて母子家庭等及び寡婦の福祉を図ることを目的とする。

*2
1981（昭和56）年に「母子及び寡婦福祉法」と改題されたのち、2014（平成26）年に現題名となりました。

4　そのほかの福祉分野の法律

要約 ▶ 国民の生活や社会基盤の発展とともに変容する福祉ニーズに応じてさまざまな法律が制定されています。

　このようにわが国の社会福祉法制は、日本国憲法を頂点として構築されてきました。しかし、法制度全体が計画的・体系的に構築されたものではなく、国民生活や社会基盤の発展とともに変容する福祉ニーズに応じて制定され今日に至ります。社会福祉法、福祉六法のほかには表3－3のような法律が定められています。

表3-3　福祉分野のそのほかの法律

分野	主な法律	
1．社会福祉一般	・社会福祉士及び介護福祉士法 ・民生委員法	・精神保健福祉士法 <div align="right">等</div>
2．子ども家庭福祉	・母子保健法 ・次世代育成支援対策推進法 ・少子化社会対策基本法 ・子ども・子育て支援法 ・児童虐待の防止等に関する法律 ・こども基本法	・子どもの貧困対策の推進に関する法律 ・少年法 ・児童手当法 ・児童扶養手当法 ・特別児童扶養手当等の支給に関する法律 <div align="right">等</div>
3．高齢者福祉	・介護保険法 ・高齢者の医療の確保に関する法律 ・高齢者等の雇用の安定等に関する法律	・高齢者虐待の防止、高齢者の養護者に対する支援等に関する法律 <div align="right">等</div>
4．障害者福祉	・障害者基本法 ・発達障害者支援法 ・障害者の日常生活及び社会生活を総合的に支援するための法律	・精神保健及び精神障害者福祉に関する法律 ・障害を理由とする差別の解消の推進に関する法律 ・障害者虐待の防止、障害者の養護者に対する支援等に関する法律 <div align="right">等</div>
5．低所得者福祉	・ホームレスの自立の支援等に関する特別措置法	・生活困窮者自立支援法 <div align="right">等</div>

出典：千葉茂明・宮田伸朗編『四訂　新・社会福祉概論―変革期の福祉をみつめて―』2008年　みらい　p.44を一部改変

Section 2　社会福祉基礎構造改革と福祉サービスの利用の仕組み

3分 Thinking

・「利用者の立場に立った福祉サービス」と聞いて、どのようなことを思い浮かべますか。

1　社会福祉基礎構造改革

要約　社会福祉基礎構造改革では、「措置制度」から「契約制度」への移行など、社会福祉制度全般についての抜本的な見直しが行われました。

　　社会福祉基礎構造改革は、1951（昭和26）年の制定以来、大きな改正の行われなかった社会福祉事業をはじめ、社会福祉法人、措置制度などの社会福祉の共通基盤制度について、国民の福祉需要に対応するために、抜本的な見直しを行った改革のことをいいます（p.37も参照）。

表3-4　社会福祉構造改革における改正の内容

①利用者の立場に立った社会福祉制度の構築	福祉サービスの利用制度化（行政が行政処分によりサービス内容を決定する「措置制度」から、利用者が事業者と対等な関係に基づきサービスを選択・契約する「契約制度」へと転換）。利用者保護制度の創設（日常生活自立支援事業の創設や苦情解決[注1]の仕組みなどの導入）。
②サービスの質の向上	良質なサービスを支える人材の育成・確保に関する取り組み、福祉サービスの質の向上を図るための第三者評価[注2]の導入など。
③社会福祉事業の充実・活性化	社会福祉事業の範囲の拡充、社会福祉法人の設立要件の緩和など。
④地域福祉の推進	市町村地域福祉計画や都道府県地域福祉支援計画[注3]の策定が社会福祉法に規定。社会福祉協議会、共同募金、民生委員・児童委員[注4]の活動活性化。

注1：「日常生活自立支援事」はp.174を、「苦情解決」はp.170を参照のこと。
注2：「第三者評価」はp.172を参照のこと。
注3：「地域福祉計画」「地域福祉支援計画」はともにp.187を参照のこと。
注4：「社会福祉協議会」はp.63、p.185を、「共同募金」「民生委員・児童委員」はともにp.186を参照のこと。

　社会福祉基礎構造改革の具体的な内容は、①利用者の立場に立った社会福祉制度の構築、②サービスの質の向上、③社会福祉事業の充実・活性化、④地域福祉の推進の4つです（表3-4）。

2　福祉サービスの利用の仕組み

要約 ▶ 福祉サービスの利用の仕組みは、大別すると措置制度と契約制度に分かれています。

　前述のように、社会福祉基礎構造改革によってさまざまな福祉サービスの利用に関する手続きが、行政主導による「措置制度」から、利用者とサービス提供者との契約による「契約制度」へと移り変わりました。以下では、福祉サービスの利用に関する、措置制度と契約的な要素を持つさまざまな利用方法の仕組みについて見ていきます。

①措置制度によるサービス利用の仕組み

　措置制度は、福祉サービス利用者に対するサービス内容や提供事業者などの決定等を、措置権者である市町村等が公的責任のもとに行うものです（図3-2）。サービス利用料は原則公費負担となっていますが、利用者の負担能力に応じて、一部が徴収されることもあります（応能負担[*3]）。

②行政との契約によるサービス利用の仕組み

　2001（平成13）年から母子生活支援施設や助産施設において行政との契約が取り入れられています（図3-3）。利用者は利用したい施設の選択・利用の申し込みを自治体（福祉事務所）に行い、自治体から施設にサービス提供

＊3　**応能負担**
福祉サービスを利用する場合の本人の負担について、所得に応じて費用を負担する方式をいいます。

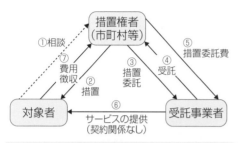

例えば、児童養護施設（p.111 表7−2を参照）であれば、入所決定は児童相談所を通じて行政権限によって行われることが一般的です。①児童相談所から担当の児童福祉司が家庭訪問し調査を行います。②調査判定等の結果を受けて児童相談所での会議結果から、施設入所が必要と判断された場合に入所となります（入所は、原則として父母の同意が必要です）。

図3−2　措置制度によるサービス利用の仕組み

出典：千葉茂明・宮田信朗編『四訂　新・社会福祉概論』
　　　みらい　2008年　p.73を一部改変

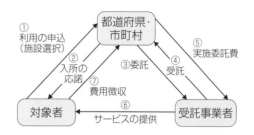

母子生活支援施設や助産施設（p.111 表7−2を参照）の利用にあたっては、利用者が母親や妊産婦であり、施設選択の主体者となり得ることから、従来の措置制度から、利用者が希望する施設を選択できる方式へと転換されました。

図3−3　行政との契約によるサービス利用の仕組み

出典：図3−2と同じ　p.73を一部改変

Memo　令和の時代に「措置制度」ってありなの？

　令和の時代に生きるみなさんは「自分が利用したいサービスを自分で選べないなんておかしい！」という率直な感想をもたれることでしょう。では、なぜ「措置制度」は、今なお残っているのでしょうか。

　歴史をひもとくと、戦後混乱期の日本では、戦争や空襲等で親を亡くした多くの孤児が放置されていました。いわゆる「浮浪児」と呼ばれ、駅内や路上といった劣悪な環境で生活を余儀なくされ、飢えや病気で命を落とす孤児もいました。この状況を改善するために児童福祉法が成立し、養護施設（現・児童養護施設）での子どもの保護が始まりました。

　現代における社会的養護は、子どもを守るべき保護者が子どもを守ることが難しい状況になったときに、子どもを公の責任のもとで保護する仕組みです。現代でも、何らかの理由で両親がいない、あるいは両親のもとで育てられない子どもはいます。その場合には親による利用契約はできませんし、虐待から子どもの命を守るためには、施設入所等による親子分離も必要になりますから、「措置」という、事態に応じた行政手続きが採られているのです。

　ですから、子どもの乳児院、児童養護施設、児童心理治療施設、児童自立支援施設への入所や、心身の障害により、日常生活を営むことが難しい方の救護施設への入所についても、やはり、対象者の命を優先する観点から、行政による「措置」の方式が採られます。

　当然ですが、どのような施設等で、どのような保護・支援を受けることが子どもにとって最善なのか、行政（児童相談所等）が専門的知見に基づいて決定しています。

の委託を行います。その後、サービス提供の受託をした受託施設には自治体から実施委託費が支払われ、サービスが提供されます。利用料に関しては、自治体が利用者に対して費用徴収を行います。

③介護保険サービスの利用の仕組み

　2000（平成12）年に導入された介護保険制度[*4]では、市町村で定められる保険料を納め、要介護・要支援の認定を受けサービスを利用する場合は、指定事業者と契約を結び、そのサービスに対して1割（または2割・3割）を自己負担（応益負担[*5]）することになります（図3-4）。

④障害福祉サービスの利用の仕組み

　障害者の日常生活及び社会生活を総合的に支援するための法律（障害者総合支援法）における障害福祉サービス[*6]の利用では、利用者は障害支援区分の認定を受けたのち、指定事業者と契約を結びます。サービス利用料については、受けたサービスの量に関わらず、所得に応じて自己負担（応能負担）することになります（図3-5）。

⑤教育・保育施設の利用の仕組み

　保育所の利用に関しては、1998（平成10）年から「②行政との契約によるサービス利用の仕組み」が取り入れられていましたが、2015（同27）年度から実施されている「子ども・子育て支援新制度」に伴い、教育・保育施設の利用に関しては、以下のような方法に移行しました（図3-6）。ただし、私立保育所利用の場合は、「②」の行政との契約による仕組みになります。

　教育・保育施設の利用者（保護者）は、市町村に保育の必要性の認定申請を行い、市町村は保育の必要性の有無等の認定を行ったうえで認定証を交付します。その後、保護者が保育利用希望の申し込みを行い、教育・保育施設と契約をして必要なサービスを受けます。保育料に関しては、保護者の所得に応じて自己負担（応能負担）することになります。ただし、2019（令和元）年10月より、3〜5歳までのすべての子どもたちおよび0〜2歳までの住民税非課税世帯の子どもたちの費用については無償となっています。

[*4] **介護保険制度**
p.124を参照のこと。具体的なサービス利用の仕組みはp.125を参照のこと。

[*5] **応益負担**
福祉サービスを利用する場合の本人負担について、受ける利益の程度に応じた費用を負担する方式をいいます。

[*6] **障害福祉サービス**
p.143を参照のこと。具体的なサービス利用の仕組みはp.144を参照のこと。

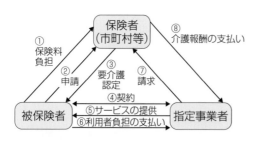

図3−4　介護保険サービスの利用の仕組み

出典：図3−2と同じ　p.73を一部改変

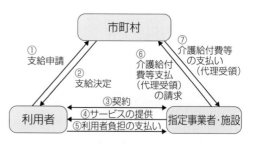

図3−5　障害福祉サービスの利用の仕組み

出典：図3−2と同じ　p.73を一部改変

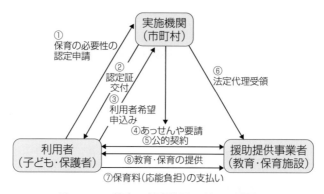

図3−6　教育・保育施設の利用の仕組み

出典：相澤譲治編『十訂　保育士をめざす人の社会福祉』みらい　2023年　p.70

【参考文献】

● 後藤卓郎編『新選・社会福祉　第2版』みらい　2013年
● 喜多一憲監修、堀場純矢編『子ども家庭福祉　第2版』みらい　2024年
● 福祉小六法編集委員会編『福祉小六法　2023年版』みらい
● 厚生省監修『厚生白書』（平成11、12年版）ぎょうせい

●学びを振り返るアウトプットノート

年 月 日( ) 第( )限　学籍番号⋯⋯⋯⋯⋯⋯　氏名⋯⋯⋯⋯⋯⋯⋯⋯

✧ この Chapter で学んだこと、そのなかで感じたこと（テーマを変更しても OK）

✧ 理解できなかったこと、疑問点（テーマを変更しても OK）

✛ＴＲＹしてみよう✛

1 日本国憲法第 25 条では、（　　　　）の保障を謳っている。

2 （　　　　　）法は、わが国の社会福祉に関するあらゆる事項の共通基礎概念を定めた基盤となる法律である。

3 社会福祉構造改革によって、さまざまな福祉サービスの利用が、これまでの措置制度から（　　　）制度に移行した。

◯ コラム③ 「措置」から「契約」への政策転換がもたらした家族介護への影響 ◯

　保育を学ぶみなさんがこれから出会う子どもたちの保護者の方は、子育ての悩みだけでなく、介護の悩みも抱えているかもしれません。そこで、子育てと介護という二つの視点から社会福祉制度について考えるきっかけとなることを願って、安岡芙美子著『**認知症を生き抜いた母—極微の発達への旅—**』（クリエイツかもがわ、2017 年）という書籍を紹介します。

　社会福祉の歴史のなかで、私たちの暮らしに大きな影響を与えたことの一つが、措置制度が解体され契約制度となり、介護保険制度が導入されたことでしょう。本書は、娘の立場から母の介護を記録したもので、施設や事業所と契約を交わし、そのうえで仕事と介護を両立させた日々とともに、現在の介護保険制度の仕組みの矛盾などが描かれています。

　印象的なのは、認知症のために、これまでできていたことが少しずつできなくなっていく母の姿が描かれているのですが、それを見守る家族の視線がとても温かいことです。お茶の入ったコップをひっくり返して火傷をしたり、ヘルパーさんを玄関まで迎えに行った後、バランスを失い階段に座りこんでしまったり、そうかと思えば、庭に出て草むしりをしたりして、家族はヒヤリとさせられます。しかし、「おばあちゃんもやってくれるではないか」と愉快な気持ちで見守っています。そのような自宅で過ごす段階を経て、転倒、骨折、入院、転院、施設入所……と療養の場所を転々としながら介護の日々は続きます。

　「私も来年３月には定年退職、そうしたら、ゆっくり一緒にいられるね、と言うと、『いいね』と喜んでいた」。このような優しい母と娘の会話の場面が度々あるのですが、著者はそのときのことを「幼少時から深い関係であった母と娘の関係が、さらに深く再構築されていった」と振り返っています。そして、最期のときを特別養護老人ホームで迎えます。仕事をしながら、可能な限り母に寄り添い、ずっと一緒にいたいけれどそれもかなわない忙しい毎日のなかに、母への思いが感じられる作品です。

　本書の内容からは、介護保険制度が浸透した現在に至っても、介護の負担は重く、病院や施設の機能が複雑に多様化し、療養場所を転々とせざるを得ない家族の苦労も感じられます。家族は療養の場を自由に選択できたわけではなく、施設の入所要件に合わせて、限られた範囲での選択と、可能な限りの家族介護をしながら認知症介護の経過をたどりました。著者は、認知症介護の苦労を通じて、「今ある制度のなかで、家族が崩壊することなく、親を最期まで大切にできる理想とはどういったものか」「契約制度は、療養環境の自由な選択を可能にしたのか」という課題を鋭く、優しく提示しています。

[1] 手や腕　[2] 社会福祉　[3] 家族

社会福祉の実施体系

●イメージをつかむインプットノート

Section 1 「社会福祉の行政機関」のアウトライン

　法律に基づいて、社会福祉の実施に関する業務を担っているのが社会福祉の行政機関です。具体的には、所管省庁である厚生労働省やこども家庭庁、福祉事務所や児童相談所などの窓口機関について学びます（p.57）。

> **Keyword**
>
> ☐ 厚生労働省　　☐ 福祉事務所
> ☐ こども家庭庁　☐ 児童相談所
> ☐ 社会保障審議会

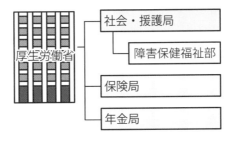

社会福祉行政の中心に位置しているのは厚生労働省です。

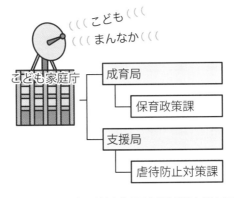

こども家庭庁は、子育て政策全体の司令塔的役割を担います。

Section 2 「社会福祉の民間専門機関・団体」のアウトライン

社会福祉法人や社会福祉協議会など、福祉サービスの提供を担っている民間の機関・団体について学びます（p.62）。

Keyword

☑ 社会福祉法人　☑ 社会福祉協議会　☑ NPO 法人

保健・医療・福祉の増進を図る活動、子どもの健全育成を図る活動など、特定非営利活動は 20 の分野にわたります。

Section 3 「社会福祉の財源」のアウトライン

国や地方公共団体における社会福祉の財源と、社会福祉に関する費目である社会保障関係費と民生費について学びます（p.64）。

Keyword

☑ 社会保障関係費
☑ 民生費

社会保障関係費

Section 1　社会福祉の行政機関

⏱ 3分 Thinking

- あなたの住んでいる都道府県、市町村で、社会福祉を担当しているのはどのような部署だと思いますか。考えてみましょう。

1　国・地方公共団体の行政機関

> **要約** ▶ 法律に基づいて社会福祉の実施に関する業務を担っているのが、社会福祉の行政機関です。国、都道府県、市町村がそれぞれ役割を分担しています。

①国の福祉行政機関

　わが国の社会福祉行政は、主として厚生労働省が担っています。担当部局には、社会・援護局（障害保健福祉部含む）、老健局があり、医療保険制度や年金制度に関する事務を所管する保険局、年金局も置かれます。

　社会・援護局には、総務課、保護課、地域福祉課、福祉基盤課などが置かれ、社会福祉法人制度、福祉事務所、共同募金会、社会福祉事業に従事する人材の確保、ボランティア活動の基盤整備といった社会福祉の各分野に共通する基盤制度や、生活保護制度に関する企画・運営などを担当しています。また、社会援護局に置かれる障害保健福祉部には、企画課、障害福祉課、精神・障害保健課などがあり、障害者の支援や社会参加推進などに関する業務を担っています。

　老健局には、総務課、介護保険計画課、高齢者支援課、認知症施策・地域介護推進課、老人保健課などが置かれ、介護保険制度をはじめとする高齢者介護・福祉施策に関する業務を行っています。

　従来、厚生労働省子ども家庭局が所掌してきた事務や、障害保健福祉部が所掌してきた障害児支援に関する事務は、2023（令和5）年4月1日付けで、こども家庭庁*1 に移管されました。

　こども家庭庁には、長官官房、成育局、支援局が置かれ、長官官房では、子どもや子育て当事者の視点に立った政策の企画立案・総合調整、必要な支援を必要な人に届けるための情報発信や広報などを行います。

　成育局は、保育政策課、成育基盤企画課、成育環境課、母子保健課、安全対策課などからなり、妊娠・出産の支援、母子保健、成育医療などに関する

> *1　**こども家庭庁**
> 2022（令和4）年6月15日の「こども家庭庁設置法」「こども家庭庁設置法の施行に伴う関係法律の整備に関する法律」「こども基本法」の成立により、こども家庭庁が創設、内閣府の外局（がいきょく：内閣府と各省に置かれる行政機関で、庁と委員会があります）として2023（同5）年4月1日に施行されました。なお、こども家庭庁設置法とこども基本法の題名、条文においては「こども」と平仮名表記が用いられます。p.106、p.109も参照のこと。

基本方針の策定、就学前のすべての子どもの育ちの保障、すべての子どもの居場所づくりや安全などに関する業務を行っています。

支援局には、虐待防止対策課、家庭福祉課、障害児支援課などがあり、さまざまな困難を抱える子どもや家庭に対する包括的支援、児童虐待防止対策や、社会的養護、障害児支援などに関する業務を担当しています。

上記のような行政機関とは別に、厚生労働大臣の諮問機関として社会保障審議会が置かれています（図4－1）。社会保障審議会は、厚生労働省設置法第7条で、厚生労働大臣の諮問に応じて、社会保障に関する重要事項や人口問題に関する重要事項について調査審議したり、これらの重要事項について厚生労働大臣や関係行政機関に意見を述べたりする役割などを担うことが規定されています。審議会のもとに、課題に応じて分科会や部会、委員会などが設置されています。

こども家庭庁にも、社会保障審議会同様に課題別の分科会や部会があり、内閣総理大臣または長官の諮問に応じる機関として、新たにこども家庭審議会が置かれました（こども家庭庁設置法第6条）。本審議会は、子ども・子育て支援法の施行に関する重要事項や、子ども、子どものある家庭および妊産婦、その他母性の福祉の増進や保健の向上に関する重要事項、こどもの権利利益の擁護に関する重要事項などに関する調査審議を行い、内閣総理大臣、関係各大臣または長官に意見を述べる機関として位置付けられています[*2]。

さらに、こども家庭庁には、特別な機関として、こども政策推進会議が置かれます（こども基本法第17条）。本会議は内閣総理大臣を会長とする閣僚会議で、「こども大綱」[*3]の案の作成や子ども施策に関する重要事項についての審議および子ども家庭施策実施の推進、子ども施策について必要な関係行政機関相互の調整等を役割としています。

②地方の福祉行政機関

次に、地方公共団体について見てみましょう。

都道府県や市町村などでは、福祉保健局（東京都）、健康福祉部（京都府）などさまざまな名称で、社会福祉行政に関する部局が設置されています。厚生労働省における組織のあり方と同様、これらの部局のもとに、分野別に担当課が置かれています。2022（令和4）年度における社会福祉の実施体制は図4－1の通りですが、近年、市町村への権限委譲が進み、市町村が担う役割が大きくなってきています。

また、都道府県や政令指定都市もしくは中核市については、社会福祉法第7条に基づき、社会福祉に関する事項を調査審議し、都道府県知事や政令指定都市もしくは中核市の長の諮問に応じ意見具申する機関である地方社会福

＊2
2022（令和4）年度まで社会保障審議会児童部会が担ってきたこれらの機能が、こども家庭庁の発足に伴い、こども家庭審議会に移管されました。

＊3　こども大綱
こども基本法に基づき、子ども政策を総合的に推進するため、政府全体の子ども施策の基本的な方針等を定めたものです（2023[令和]5年12月22日閣議決定[p.116も参照]）。

社審議会と、児童福祉法第8条に基づき、児童福祉に関する事項について調
査審議する都道府県（指定都市）児童福祉審議会が設置されています（児童福
祉審議会は、市町村については任意設置）。

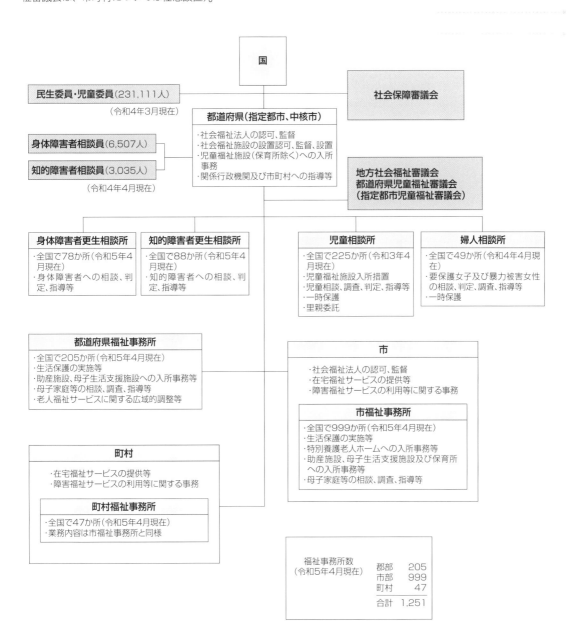

図4-1　社会福祉の実施体制

出典：厚生労働省『令和5年版厚生労働白書　資料編』p.194

2　社会福祉の専門行政機関・窓口

> **要約** ▶ 福祉に関連する事柄を広く扱う福祉事務所や、子どもの福祉に関して中心的役割を果たしている児童相談所をはじめ、さまざまな相談機関が法律上に位置付けられ、地域の人々と福祉サービスとの間をつなぐ福祉の窓口機関としての役割を果たしています。

①福祉事務所 *4

　福祉事務所は、社会福祉法第14条に規定される「福祉に関する事務所」を指します。都道府県および市（特別区を含む）には、福祉事務所の設置が義務付けられています（町村は任意設置）。都道府県福祉事務所は、生活保護法、児童福祉法、母子及び父子並びに寡婦福祉法に関する業務を、市町村福祉事務所は、広く生活保護法、児童福祉法、母子及び父子並びに寡婦福祉法、老人福祉法、身体障害者福祉法、知的障害者福祉法に関する業務を所管しています。とりわけ住民にとって最も身近な地方公共団体である市町村の福祉事務所は、さまざまな福祉サービスの入り口にあたる窓口機関として重要な役割を担っていることがわかります。

②児童相談所 *4

　児童相談所は、児童福祉法第12条第3項において、子どもに関する相談のうち、特に専門的な知識や技術を必要とするものに応じたり、子どもや家庭の状況について必要な調査や、医学的、心理学的、教育学的、社会学的および精神保健上の判定や指導を行ったり、子どもの一時保護も担う機関として規定されています。また、都道府県知事の委託を受けて里親委託、施設入所の措置などの業務も行います（児童福祉法第32条）。このように、子どもの福祉に関して、最も中心的な役割を担っている機関が児童相談所です。

③その他

　上記以外にも、地方公共団体には次のような相談所が設置されます。それぞれ、地域の人々と福祉サービスとの間をつなぐ重要な役割を担っています。

○身体障害者更生相談所

　身体障害者更生相談所は、身体障害者福祉法第11条で、都道府県に設置が義務付けられています。身体障害者に関する相談および指導のうち、専門的な知識および技術を必要とするものを行うことや、身体障害者の医学的、心理学的および職能的判定などの業務を担っています。

○知的障害者更生相談所

　知的障害者更生相談所は、知的障害者福祉法第12条で、都道府県に設置

が義務付けられています。知的障害者に関する相談および指導のうち、専門的な知識および技術を必要とするものを行うことや、18歳以上の知的障害者の医学的、心理学的および職能的判定などの業務を担当しています。

○女性相談支援センター（旧・婦人相談所）

女性相談支援センターは、困難な問題を抱える女性への支援に関する法律の第9条で、都道府県に設置が義務付けられています。困難な問題を抱える女性の立場に立った相談のほか、困難な問題を抱える女性および家族に対して、緊急時における安全確保や一時保護、心身の健康の回復を図るための医学的、心理学的な援助、自立して生活するための関連制度（就労支援、住宅の確保、子どもの保育等）や、居住して保護を受けることができる施設の利用等にかかる情報提供、連絡調整といった援助を行います。

女性をめぐる生活困窮、性暴力・性犯罪被害、家庭関係破綻などの課題には、これまで売春防止法第34条に基づく婦人相談所で対応されていましたが、新たに「困難な問題を抱える女性への支援に関する法律」が2022（令和4）年に成立、婦人相談所は「女性相談支援センター」へと改称され、さらなる女性支援の強化に取り組まれることになりました*5（2024［同6］年4月1日施行）。なお、婦人相談所は、配偶者からの暴力の防止及び被害者の保護等に関する法律（2001［平成13］年成立）に規定される配偶者暴力支援センターとしての役割を担っていましたが、改称後の女性相談支援センターにおいても、その役割は引き継がれています。

○精神保健福祉センター

精神保健福祉センターは、精神保健及び精神障害者福祉に関する法律第6条で、都道府県に設置することが義務付けられています。精神保健および精神障害者の福祉に関する知識の普及と調査研究、精神保健および精神障害者の福祉に関する相談や指導のうち、複雑または困難なものを行うことなどを業務としています。

○児童家庭支援センター

児童家庭支援センターは、児童福祉法に基づく児童福祉施設の一つで（児童福祉法第7条）、同法第44条の2において、児童に関する家庭その他からの相談のうち、専門的な知識および技術を必要とするものに応じて必要な助言を行うことや、児童相談所長の委託を受けて、要保護児童*6やその保護者に対する指導を行うこと、児童相談所、児童福祉施設等との連絡調整などを行う施設と規定されています*7。

○発達障害者支援センター

発達障害者支援センターは、発達障害者支援法第14条に規定されている施設で、発達障害者やその家族などに対する相談、情報提供や助言、あるい

*5
性差に起因して社会的にさまざまな困難な問題に直面する女性を対象とした包括的な支援制度を構築するには、「売春をなすおそれのある女子の保護更生」を目的とする売春防止法を根拠とした従来の枠組みでは限界があることから、新たに立法されました。
なお、「困難な問題を抱える女性」とは、「性的な被害、家庭の状況、地域社会との関係性その他の様々な事情により日常生活又は社会生活を円滑に営む上で困難な問題を抱える女性（そのおそれのある女性を含む。）」をいいます（新法第2条）。

*6　**要保護児童**
「保護者のない児童又は保護者に監護させることが不適当であると認められる児童」をいいます（児童福祉法第6条の3第8項）。

*7
児童家庭支援センターについてはp.111表7-2も参照のこと。
なお、当センターや乳児院、児童養護施設では里親支援も行われますが、2022（令和4）年6月の児童福祉法の改正により、2024（同

6）年4月に、里親支援機能に特化した児童福祉施設として「里親支援センター」が創設されました（p.111表7−2を参照）。

は発達障害者に対する専門的な発達支援および就労の支援、医療、保健、福祉、教育、労働等に関する業務を行う関係機関や民間団体などに対する発達障害についての情報の提供および研修の実施、発達障害に関して、医療、保健、福祉、教育、労働等に関する業務を行う関係機関および民間団体との連絡調整を行うことなどを業務としています。

○地域包括支援センター

地域包括支援センターは、2005（平成17）年の介護保険法改正によって創設された施設で、同法115条の46で、介護予防支援事業（居宅要支援被保険者に係るものを除く）や包括的支援事業などを実施して、地域住民の心身の健康の保持および生活の安定のために必要な援助を行い、「保健医療の向上及び福祉の増進を包括的に支援することを目的とする施設」であるとされています。設置主体は市町村で、地域の高齢者を支える中心的な役割を果たしています。

○こども家庭センター

2023（令和6）年度より、妊産婦、子どもに対して包括的な支援を行う機関として、「母子健康包括支援センター（子育て世代包括支援センター）」と「子ども家庭総合支援拠点」を統合した「こども家庭センター」の設置が市区町村に努力義務化されました*8。

こども家庭センターは、これまでの子育て世代包括支援センターや子ども家庭総合支援拠点において実施されてきた相談支援等の取り組みに加え、新たに妊娠届から妊産婦支援、子育てや子どもに関する相談を受けて支援をつなぐためのマネジメントや、民間団体と連携しながら多様な家庭環境等に関する支援体制の充実・強化を図るための地域資源の開拓等を担います。母子保健と児童福祉の一体的支援を行う機能を有する機関として位置付けられ、すべての妊産婦、子育て世帯、子どもの誰一人も取り残すことなく、相談を受け適切な支援につないでいく役割が期待されています。

＊8
2022（令和4）年の児童福祉法の改正により新設されました。なお、市町村は従前の拠点、センターの設置も努力義務でした。そのため、設置市町村には母子保健と児童福祉の一体的な支援体制の整備と新たな事業の実施が、未設置市町村には拠点の早期設置と一体的な相談支援体制の整備等が求められています（p.110も参照）。

Section 2 社会福祉の民間専門機関・団体

3分 Thinking

- 民間団体が提供している福祉サービスの例をあげてみましょう。さらに、その特徴について考えてみましょう。

(Sec. 2　社会福祉の民間専門機関・団体)

要約 ▶ 社会福祉法人、社会福祉協議会、NPO 法人などの民間の専門機関や団体も、福祉サービス提供の重要な担い手となっています。

①社会福祉法人

　社会福祉法人とは、社会福祉法に基づいて、社会福祉事業を行うことを目的として設立された法人をいいます。社会福祉事業には、第1種社会福祉事業と第2種社会福祉事業 *9 の2つがありますが、社会福祉法人は、施設入所サービスなど、「利用者への影響が大きく、経営安定を通じた公的規制の必要性が比較的高い」 1) とされる第1種社会福祉事業の担い手として、国や地方公共団体とともに位置付けられています。このように、社会福祉法人は公益性の高い事業に関わる法人となっています。

*9　**社会福祉事業**
p.44 を参照のこと。

②社会福祉協議会

　社会福祉協議会は、社会福祉法に基づいて地域福祉の推進を図ることを目的として、その区域内における社会福祉を目的とする事業を経営する者および社会福祉に関する活動を行う者が参加・組織している民間非営利の団体で

表4－1　社会福祉法に基づく社会福祉協議会

市区町村 社会福祉協議会 （法第109条）	区域内の住民を対象に、①社会福祉を目的とする事業の企画および実施、②社会福祉に関する活動への住民の参加のための援助、③社会福祉を目的とする事業に関する調査、普及、宣伝、連絡、調整および助成、④その他社会福祉を目的とする事業の健全な発達を図るために必要な事業を行うことにより地域福祉の推進を図ることを目的とする団体。 具体的には、高齢者や子ども、障害者を対象とした福祉サービスの提供、地域の人々が交流できる場づくり、ボランティア活動の情報提供や相談・調整、学校や企業、団体を対象とした福祉教育活動など、身近な地域における福祉活動を支え、推進する取り組みを実施。
都道府県社会 福祉協議会（指 定都市社会福祉 協議会含む） （法第110条）	市町村社会福祉協議会、社会福祉施設、福祉団体などによって構成。 都道府県の区域内で、①市町村社会福祉協議会と同様の事業のうち、市町村を通ずる広域的な見地から行うことが適切なものの実施、②社会福祉を目的とする事業に従事する者の養成および研修、③社会福祉を目的とする事業の経営に関する指導および助言、④市町村社会福祉協議会の相互の連絡および事業の調整を行うことにより地域福祉の推進を図ることを目的とする団体。
全国 社会福祉協議会 （法第111条）	都道府県社会福祉協議会や全国民生委員児童委員連合会、社会福祉施設・在宅事業・ホームヘルパー・施設職員などの全国組織、全国社会福祉法人経営者協議会、全国社会福祉法人経営青年会、障害関係団体連絡協議会など、全国的な団体連絡協議会によって構成。 全国各地の社会福祉協議会、社会福祉関係団体などとの連絡・調整、調査研究活動、広報、第三者評価事業の取り組み、研修事業などの活動を全国レベルで実施。

あり、全国、都道府県、政令指定都市、市区町村の各段階で組織されています。

各段階で組織される社会福祉協議会の目的等は表4－1の通りです。

③ NPO法人

内閣府によると「NPO」とは、Non-Profit Organizationの略称で、「様々な社会貢献活動を行い、団体の構成員に対し、収益を分配することを目的としない団体の総称」であるとされます。日本におけるNPO法人とは、こうした団体のなかで、特定非営利活動促進法に基づいて法人格を取得した法人（特定非営利活動法人）を指します。同法第2条によれば、特定非営利活動法人とは、①特定非営利活動を主たる目的とする団体であること、②営利を目的としないこと、③社員の資格の得喪*10に関して不当な条件を付さないこと、④役員のうち報酬を受ける者の数が役員総数の3分の1以下であること、⑤宗教の教義を広め、儀式行事を行い、および信者を教化育成することを主たる目的とするものでないこと、⑥政治上の主義を推進・支持し、またはこれに反対することを主たる目的とするものでないこと、⑦特定の公職の候補者もしくは公職にある者または政党を推薦・支持し、またはこれらに反対することを目的とするものでないこと、という要件をすべて満たしていなければなりません。

特定非営利活動促進法で指定されている特定非営利活動は、例えば「保健、医療又は福祉の増進を図る活動」「まちづくりの推進を図る活動」「子どもの健全育成を図る活動」など、20の分野にわたります。内閣府のまとめによると、NPO法人として認証されている法人の数は、2023（令和5）年7月末現在で5万183件に上ります。NPO法人の所轄庁は、その法人の主たる事務所が所在する都道府県の知事もしくは指定都市の長となっています（特定非営利活動促進法第9条）。

> *10　**得喪**
> 得ることと失うことを意味します。

Section 3　社会福祉の財源

3分 Thinking

・社会福祉に関わる費用はどのように捻出されているでしょうか。その財源を考えてみましょう。

（Sec. 3　社会福祉の財源）

要約 ▶ 国や地方公共団体における社会福祉の財源は、租税を財源とする公費や、社会保険の保険料、サービス利用に際して利用者に課される利用料等から構成されています。

　国の財政における社会福祉に関する費目には、「社会保障関係費」が該当し（図4−2）、これは主に国の租税（税収）を財源としています。社会保障関係費には、年金給付費、医療給付費、介護給付費、少子化対策費、生活扶助等社会福祉費、保健衛生対策費、雇用労災対策費が含まれます。

　一方、地方公共団体における社会福祉に関する費目は、「民生費」が該当し、社会福祉費、老人福祉費、児童福祉費、生活保護費、災害救助費などが含まれます（図4−3）。地方公共団体における財政の財源には、各公共団体が住民から徴収している地方税などのほかに、国庫支出金や地方交付税交付金といった、国から交付されているお金があります。

　現在の日本の社会福祉の費用は、主に上記の租税を財源とした公費負担方式、加入者の支払う保険料を主たる財源とする社会保険方式、サービス利用時に利用者からその費用の一部を徴収する利用者負担によって賄われています。

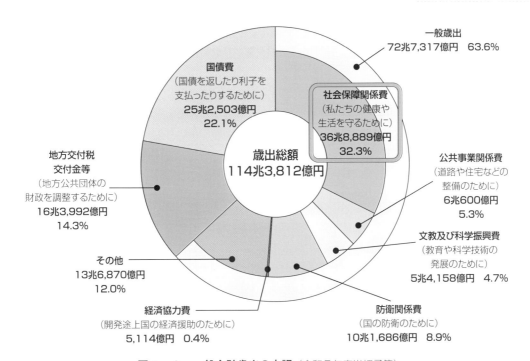

図4−2　一般会計歳出の内訳（令和5年度当初予算）

出典：国税庁ホームページ「税の学習コーナー　学習・発展編」
https://www.nta.go.jp/taxes/kids/hatten/page04.htm（2023年5月22日閲覧）

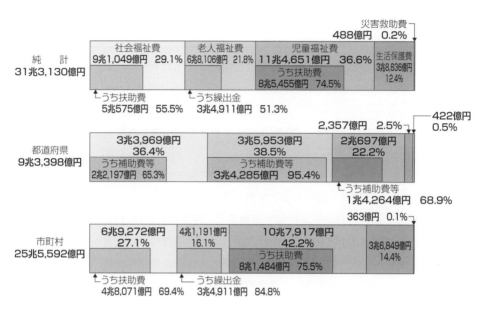

図4－3　民生費の目的別内訳（令和３年度）

出典：総務省『令和５年版地方財政白書』日経印刷　p.42

【引用文献】

１）社会福祉の動向編集委員会編『社会福祉の動向2019』中央法規出版　p.32

【参考文献・参考ホームページ】

●相澤讓治・杉山博昭編『十訂　保育士をめざす人の社会福祉』みらい　2023年

●倉石哲也・伊藤嘉余子監修、倉石哲也・小崎恭弘編『社会福祉』ミネルヴァ書房　2017年

●児童育成協会監修、松原康雄・圷洋一・金子充編『社会福祉　第２版』中央法規出版　2023年

●社会福祉の動向編集委員会編『社会福祉の動向2023』中央法規出版

●厚生労働省ホームページ　https://www.mhlw.go.jp/index.html（2023年5月22日閲覧）

●全国社会福祉協議会ホームページ　https://www.shakyo.or.jp/（2023年5月22日閲覧）

●内閣府NPOホームページ　https://www.npo-homepage.go.jp/（2023年5月22日閲覧）

●学びを振り返るアウトプットノート

年 月 日( ) 第( )限　学籍番号.................................. 氏名...

❖ この Chapter で学んだこと、そのなかで感じたこと（テーマを変更しても OK）

❖ 理解できなかったこと、疑問点（テーマを変更しても OK）

✢ＴＲＹしてみよう✢

1️⃣ わが国の社会福祉行政を所管している機関は（　　　　　　）である。

2️⃣ （　　　　　　）は、社会福祉法第 14 条に規定されており、社会福祉行政の窓口機関
として、都道府県および市（特別区を含む）には、設置が義務付けられている。

3️⃣ 国の財政における社会福祉に関する費目には、（　　　　　　　）が該当する。一方、
地方公共団体における社会福祉に関する経費は、（　　　　）という費目にあたる。

コラム④ 本当に必要な福祉サービスとは

　この Chapter で学んだように、社会福祉には私たちが利用できる多くのサービスがありますが、実際には、どこに相談をしたら良いのか、どこで情報を手に入れられるのかなどを把握できている人はあまり多くないように思います。

　また、福祉サービスといっても、対象や種類が多岐にわたり複雑で、利用する側は、本当にその人に合ったサービスを受けられるまでには、予想以上に時間がかかってしまったり、周囲からの心ない一言に傷付き悩んでしまったりすることがあります。援助をする側は、本当にその人が必要としているサービスとは何なのか、その人に合ったサービスとは何か、などと考えていくと答えの出ない問題に出合うこともあります。

　学生生活の間でも、ボランティアやアルバイトでたくさんの人と関わりを持っていくなかで同じような悩みを感じることもあるでしょう。そのようなときに、ぜひ手に取ってほしい書籍が『**こんな夜更けにバナナかよ—筋ジス・鹿野靖明とボランティアたち—**』（渡辺一史著、北海道新聞社、2003 年）です。豪華な俳優陣によって映画化され（2018〔平成 30〕年 12 月公開）、大変話題となった作品の原作なので、この映画版をきっかけに障害者支援やボランティアに興味を持たれた方もいるのではないでしょうか。

　本書は、難病である筋ジストロフィーにより障害を抱えている鹿野さんと、彼を支援する多くのボランティアたちを取材してまとめた実話がもとになっています。「障害」を扱う作品は感動を誘うものが多い印象ですが、この書籍はそうではなく、鹿野さんを取り巻く多くの人たちの視点で描かれ、「本当の自立とは」「自分らしさとは」「対人援助とは」など、物事の本質について深く考えさせられます。読み進めていくと、障害者支援やボランティアが題材ではありますが、「生きていくうえで必要なことって何だろう」「自分自身は一生懸命生きているのだろうか」など、人が人として生きていくことの意味を考えさせられると思います。もちろん、映画版も素晴らしいのですが、書籍ですと悩んだときや壁にぶつかったときに何度も読み返すことができ、あなた自身のそのときの状況で感じる部分や内容も異なるはずです。また、脚注として専門用語の解説が詳細に掲載されていますので、さまざまな学びにつながります。そして、人が生きていくうえで必要な支援やサービスについて、うわべだけでなく本質を感じるきっかけとなることでしょう。

　福祉サービスの実施体系を学び、知識を習得したら、次のステップとして現状把握や問題提起をし、理解を深めてほしいと願っています。

Chapter 5 社会福祉の施設と専門職

●イメージをつかむインプットノート

Section 1 「社会福祉施設の概要」のアウトライン

社会福祉に関する各法に定められている社会福祉施設について、施設の形態や種類、社会福祉施設の設備や運営について学びます（p.70）。

Keyword

☐ 社会福祉施設
☐ 各社会福祉施設の設備及び運営に関する基準

社会福祉施設では、生活課題を抱えている人たちに福祉サービスを提供しています。

Section 2 「社会福祉の専門職の役割」のアウトライン

社会福祉領域には多くの専門職がいること、また利用者への支援にあたっては、医療や保健、教育などのさまざまな分野の専門職と連携・協働していることについて学びます（p.72）。

Keyword

☐ 専門職の義務
☐ 価値観・倫理
☐ 連携・協働

さまざまな専門職が連携して支援を行っています。

社会福祉施設の概要

3分 Thinking

・社会福祉施設と聞いて、どのような施設をイメージしますか。

1 社会福祉施設の目的と設置状況

> **要約** 日常生活のなかでさまざまな生活課題を抱えている人に福祉サービスを提供する施設が社会福祉施設です。高齢者を対象とした施設や子どもの保育を目的とした施設がその多くを占めています。

①社会福祉施設の目的

　社会福祉施設は、高齢者、子ども、障害者、生活困窮者など、日常生活のなかでさまざまな生活課題を抱えている人に福祉サービスを提供する施設であり、これらの人々が自立してその能力を発揮できるよう、必要な日常生活の支援、技術の指導などを行うことを目的としています。

　社会福祉施設は、生活保護法による「保護施設」、老人福祉法による「老人福祉施設」、障害者の日常生活及び社会生活を総合的に支援するための法律（障害者総合支援法）による「障害者支援施設」、身体障害者福祉法による「身体障害者社会参加支援施設」、困難な問題を抱える女性への支援に関する法律による「女性自立支援施設」[*1]、母子及び父子並びに寡婦福祉法による「母子・父子福祉施設」、児童福祉法による「児童福祉施設」、そのほかの社会福祉施設等に大別することができます（表5-1）。なお、社会福祉施設の運営は社会福祉事業[*2]として位置付けられています（社会福祉法第2条第2・3項）。

　利用形態は、「入所型」「通所型」「利用型」の3つに分けることができます。「入所型」とは、利用者が社会福祉施設に入所して福祉サービスを受ける形態の施設です。「通所型」は、利用者は居宅で生活を行い、福祉サービスを受けるために施設に通所する形態の施設です。「利用型」は、利用者が必要に応じて自由に利用することができる形態の施設です。

> *1
> 2022（令和4）年に成立、2024（同6）年度から施行されています（p.61を参照）。それまでは「売春防止法による婦人保護施設」として整備、運営されていました。

> *2 **社会福祉事業**
> p.44を参照のこと。

②社会福祉施設の設置数と利用状況

　厚生労働省の調査によると、2021（令和3）年現在、社会福祉施設の状況は表5-1の通りです。子どもを対象とした児童福祉施設は約4万6,000

施設と多く、そのうち保育所と認定こども園が約3万施設を占めています。

近年、特に地域型保育事業所（小規模保育事業、家庭的保育事業等）の整備が進み、子どもの保育を目的とした施設（事業）の利用者も増加しています。

表5－1　社会福祉施設の種類と施設数・入所人員数[注1]（2021［令和3］年10月1日現在）

施設種別（入所人員数）	施設数	施設種別（入所人員数）	施設数
保護施設（17,813人）	288	児童福祉施設等（2,834,592人）[注6]	46,560
救護施設	182	助産施設	382
更生施設	20	乳児院	145
医療保護施設	56	母子生活支援施設	208
授産施設	15	保育所等[注7]（2,643,196人）	29,995
宿所提供施設	15	地域型保育事業所[注8]（103,641人）	7,245
老人福祉施設（701,509人）[注2]	15,665	児童養護施設	612
養護老人ホーム	944	障害児入所施設（福祉型）	249
特別養護老人ホーム	10,469	障害児入所施設（医療型）	222
（うち介護老人福祉施設[注3]）	(8,414)	児童発達支援センター（福祉型）[注9]	676
軽費老人ホーム	2,331	児童発達支援センター（医療型）[注9]	95
老人福祉センター	1,921	児童心理治療施設	51
障害者支援施設等（151,126人）[注4]	5,530	児童自立支援施設	58
身体障害者社会参加支援施設	315	児童家庭支援センター	154
婦人保護施設[注5]（257人）	47	児童館	4,347
母子・父子福祉施設	57	児童遊園	2,121
その他の社会福祉施設等（540,047人）	24,622		

注1：活動中の施設について集計したものです（「○○センター」などの利用施設には詳細調査を実施していません）。

注2：入所人員数は、養護老人ホーム、介護老人福祉施設、軽費老人ホームの合計です（老人福祉法に基づく「老人福祉施設」のうち、調査結果の公表がない老人デイサービスセンター、老人短期入所施設、老人介護支援センターの数値は除く）。介護老人福祉施設、老人福祉センター以外の施設数は2021（令和3）年度末の数値です（令和3年度福祉行政報告例）。

注3：介護老人福祉施設は、老人福祉法に基づく特別養護老人ホームのうち入所定員が30人以上の施設です（介護保険法第8条第27項）。施設数は2021（令和3）年10月1日現在のものになります（特別養護老人ホーム数は同年度末現在）。

注4：障害者支援施設等の入所人員数には通所者数も含まれます（内訳：入所者数12万6,522人、通所者数2万3,304人）。

注5：2022（令和4）年の改正により、2024（同6）年4月1日からは「女性自立支援施設」に改称、運営されています。

注6：児童福祉施設等の入所人員数には母子生活支援施設は含まれません（世帯人員数でカウントしているため）。

注7：保育所とは、幼保連携型認定こども園、保育所型認定こども園、保育所を指します。

注8：地域型保育事業所は、小規模保育事業所、家庭的保育事業所、居宅訪問型保育事業所、事業所内保育事業所を指します。

注9：2022年の改正により、2024（令和6）年4月1日からは、従来の「福祉型」「医療型」の類型は一元化されています（p.111表7－2、p.145表9－1を参照）。なお、同改正により、「里親支援センター」が児童福祉施設として新設されています（2024［同6］年4月1日施行［p.111表7－2を参照］）。

出典：厚生労働省「令和3年社会福祉施設等調査」「令和3年介護サービス施設・事業所調査」「令和3年福祉行政報告例」をもとに筆者作成

2　社会福祉施設の設備・運営

要約 ▶ 社会福祉施設は、それぞれの施設の対象、機能に応じた設備を備え、適切な職員配置をしなければなりません。施設の設備や運営については、各社会福祉施設の「設備及び運営に関する基準」に定められています。

　　各社会福祉施設には、厚生労働省令によって、その施設を設置し運営するための基準が定められています。例えば、児童福祉施設については、「児童福祉施設の設備及び運営に関する基準」があります。

　　各社会福祉施設の設備や運営に関する基準の具体的な内容は、その施設の対象や機能によって異なりますが、施設運営に関して共通する一般原則が掲げられています。また、施設において利用者支援を行っていくうえでの標準的内容として、職員配置とその員数、居室の面積、支援内容等が定められています（表5-2）。ただし、この基準はあくまで最低限の基準を定めているものであり、各社会福祉施設はこの基準を理由に設備や運営を低下させてはなりませんし、常に基準を超えて設備や運営の水準を向上させる運営努力が求められています。

表5-2　基準に定められる社会福祉施設の一般原則と標準的内容

一般原則	標準的内容
・人権への配慮と人格の尊重 ・健康、保健衛生、危険防止に配慮された設備 ・社会福祉事業に対する熱意と能力を備えた職員による支援 ・自立した日常生活への支援 ・家庭や地域社会との連携	・社会福祉施設に配置する職員およびその資格要件や員数 ・社会福祉施設に設ける設備や居室等の床面積 ・非常災害対策 ・社会福祉施設の運営に関する事項 　　利用者の適切な支援内容、安全の確保 　　秘密の保持に関連するもの、苦情への対応

注　：これらは各社会福祉施設によってその内容に差はありますが、おおむね共通する項目として作成しています。

Section 2　社会福祉の専門職の役割

3分 Thinking

・社会福祉の専門職はどのような役割を担っているのか考えてみましょう。

1　社会福祉の専門職

> **要約**▶社会福祉の専門職には、4つの国家資格があります。それ以外にもさまざまな専門職が活躍しています。また、現代社会における生活課題は多様かつ複雑になっているため、他領域の専門職との連携や協働が求められています。そのため、社会福祉の専門職だけではなく、関連領域の専門職とその業務内容を知っておくことも重要です。

　日本における資格は、国家資格、任用資格、認定資格・民間資格に分類されます。

　「国家資格」は、法律に基づいて国や委任を受けた機関が実施する資格試験に合格することなどによって、法律に定められた行為（業務）を行うことが許可される資格のことです。国家資格は「業務独占資格」と「名称独占資格」に分けられ、社会福祉分野の国家資格は「名称独占資格」となっています（表5−3）。また、社会福祉事業等を行う場合には、定められた資格保持者を必ず置くことが法律で義務付けられていることもあります。そのような資格を「必置資格（設置義務資格）」といいます。児童福祉施設については、「児童福祉施設の設備及び運営に関する基準」に各施設に必置すべき専門職（資格）が定められています（p.76 表5−5を参照）。

　「任用資格」は、根拠法令等で定める要件を満たすことで認められる資格であり、公務員や社会福祉施設の職員として採用され、特定の職種に任用される際に必要になります。

　なお「認定資格」とは、公的機関・職能団体などが一定の能力・品質を保証する資格をいいますが、法律に規定される国家資格とは異なり、民間団体や企業が独自の審査基準を設けているものは「民間資格」といいます。

①国家資格として法定化されている社会福祉の専門職

　社会福祉の分野において国家資格として法定化されている専門職は、保育士、社会福祉士、介護福祉士および精神保健福祉士の4資格です。

表5−3　資格の種類

資格のタイプ	資格の特徴
業務独占資格 例）医師、看護師、弁護士等	資格取得者だけが、特定の業務を行うことができると法的に定められている資格です。その資格を取得していなければ、業務を行うことはできません。
名称独占資格 例）保育士、社会福祉士、介護福祉士、栄養士、保健師等	資格取得者だけが、その資格名称を名乗ることができます。資格がなくても業務を行うことができますが、その資格を有していない者が、資格名称を使用してはならないと定められています。

これら4資格の専門職者が業務を行うにあたって守るべき義務については
それぞれの資格を定める法律に規定されています。各法が定める社会福祉の
専門職が守るべき義務として、「誠実義務」「信用失墜行為の禁止」「秘密保
持義務」「関係機関との連携」「資質向上の責務」および「名称の使用制限」
があります（表5−4）。また、それぞれの専門職には、専門職としての価値
観や倫理、遵守すべき行動規範などが明文化された「倫理綱領」があります。
価値や倫理は、専門性を支える土台となっています。

○保育士

保育士は、児童福祉法第18条の4に「保育士の名称を用いて、専門的知
識及び技術をもつて、児童の保育及び児童の保護者に対する保育に関する指
導を行うことを業とする者」と定義されており、児童福祉施設や児童相談所
の一時保護所などで、子どもの保育や養育等を行っています[*3]。保育所や
児童養護施設、障害児入所施設等で必置の資格となっています（p.76 表5−
5を参照）。

○社会福祉士

社会福祉士は、社会福祉士及び介護福祉士法第2条第1項に「社会福祉士
の名称を用いて、専門的知識及び技術をもつて、身体上若しくは精神上の障
害があること又は環境上の理由により日常生活を営むのに支障がある者の福
祉に関する相談に応じ、助言、指導、福祉サービスを提供する者又は医師そ
の他の保健医療サービスを提供する者その他の関係者との連絡及び調整その
他の援助を行うこと（相談援助）を業とする者」と定められており、さまざ
まな社会福祉施設、福祉事務所や児童相談所などの公的機関、医療機関等で
ソーシャルワーカーとして相談援助業務を行っています。

＊3
同法には、保育士の資
格制度のほか、欠格事
由についても定めがあ
り（第18条の5関
係）、2022（令和4）
年の改正では性暴力を
行った保育士の登録取
消しや再登録の制限な
どの資格管理の厳格化
に関する規定が整備さ
れました。

表5−4　保育士、社会福祉士、介護福祉士、精神保健福祉士の義務

誠実義務[注]	個人の尊厳を保持し、自立した日常生活を営むことができるよう、常にその者の立場に立って、誠実にその業務を行わなければなりません。
信用失墜行為の禁止	専門職の信用を傷つけるような行為をしてはなりません。
秘密保持義務	正当な理由がなく、その業務に関して知り得た人の秘密を漏らしてはならず、これは職を辞めた後においても同様です。
関係機関との連携[注]	その業務を行う際は、福祉サービスが総合的かつ適切に提供されるよう、福祉サービス関係者等との連携を保たなければなりません。
資質向上の責務[注]	環境の変化による業務の内容の変化に適応するため、相談援助または介護等に関する知識および技能の向上に努めなければなりません。
名称の使用制限	その資格を有していない者は、その資格名称を使用してはなりません。

注　：社会福祉士、介護福祉士、精神保健福祉士に関わる法律に定められる義務ですが、保育士にとっても必要な視点です。

○介護福祉士

　介護福祉士は、社会福祉士及び介護福祉士法第2条第2項に「介護福祉士の名称を用いて、専門的知識及び技術をもつて、身体上又は精神上の障害があることにより日常生活を営むのに支障がある者につき心身の状況に応じた介護を行い、並びにその者及びその介護者に対して介護に関する指導を行うことを業とする者」と定められており、高齢者や障害者を対象とした社会福祉施設、病院および介護保険施設等で介護職として働いています。

○精神保健福祉士

　精神保健福祉士は、精神保健及び精神障害者福祉に関する法律（精神保健福祉法）第2条に「精神保健福祉士の名称を用いて、精神障害者の保健及び福祉に関する専門的知識及び技術をもって、精神科病院その他の医療施設において精神障害の医療を受け、又は精神障害者の社会復帰の促進を図ることを目的とする施設を利用している者の地域相談支援の利用に関する相談その他の社会復帰に関する相談に応じ、助言、指導、日常生活への適応のために必要な訓練その他の援助を行うこと（相談援助）を業とする者」と定義されており、精神障害者社会復帰施設や精神科を設置している医療機関、保健所や市町村保健センター等で、精神障害者やその家族への相談援助業務を行っています。

②行政機関の主な社会福祉の専門職

　ここでは、福祉事務所と児童相談所に配置されている社会福祉主事と児童福祉司について取り上げます。なお、いずれも「任用資格」になります。

○社会福祉主事

　社会福祉法第18条第1項に、「都道府県、市及び福祉に関する事務所を設置する町村に、社会福祉主事を置く」と定められており、福祉事務所において福祉六法に定める援護、育成および更生の措置に関する事務を行っています。資格要件は、大学等において社会福祉に関する科目を3科目以上修めて卒業した者、社会福祉士資格保有者などです。

○児童福祉司

　児童福祉法第13条第1項に、「都道府県は、その設置する児童相談所に、児童福祉司を置かなければならない」と定められており、児童相談所長の命を受けて、子どもの保護や福祉に関する事項について、相談に応じ、専門的技術に基づいて必要な指導を行っています。資格要件は、都道府県知事の指定する児童福祉司等養成校を卒業または都道府県知事の指定する講習会の課程を修了した者、社会福祉士資格保有者など*4です。

*4
2022（令和4）年の児童福祉法の改正により、子ども家庭福祉の実務者の専門性の向上を図るため「児童虐待を受けた児童の保護や専門的な対応について、十分な知識及び技術を有する者」が、その要件に加えられました。これに基づき、後述するこども家庭ソーシャルワーカーの資格制度が導入されました（p.78を参照）。

③子どもの福祉に関わる専門職

　　　ここで紹介する専門職も「任用資格」となります。また、各児童福祉施設に必置となる専門職となります（表5-5）。

○児童指導員

　　　児童指導員は、児童養護施設、障害児入所施設などで子どもの生活全般に関する支援や関係機関との連携等を行っています。資格要件は、児童福祉施設職員養成学校等を卒業した者、社会福祉士資格保有者などです。

○母子支援員

　　　母子支援員は、母子生活支援施設において母子の生活支援等を行っていま

表5-5　児童福祉施設で働く主な専門職[注1]

	助産施設[注2]	乳児院	母子生活支援施設	保育所	児童厚生施設	児童養護施設	福祉型障害児入所施設	医療型障害児入所施設	児童発達支援センター[注3]	児童心理治療施設	児童自立支援施設	児童家庭支援センター[注4]	里親支援センター[注5]
保育士		○	■	○	■	○	○	○	○	○	■		
児童指導員		△				○	○	○	○	○	○		
母子支援員			○										
児童厚生員					○								
児童自立支援専門員											○		
児童生活支援員											○		
個別対応職員		○	△			○				○	○		
家庭支援専門相談員		○				○				○	○		
里親支援専門相談員		▲				▲							
心理療法・指導担当職員		△	△			△	△		○	○	△		
医師・嘱託医		○		○		○	○	○	○	○	○		
看護師（看護職員）		○				△	○	○	○	○			
理学療法士・作業療法士・言語聴覚士									○	○			

注1：表中の「○」は、「児童福祉施設の設備及び運営に関する基準」で配置が義務付けられる専門職、「△」は、「児童福祉施設の設備及び運営に関する基準」で子どもの人数など、一定の状況に応じて配置が義務付けられる専門職、「▲」は、「家庭支援専門相談員、里親支援専門相談員、心理療法担当職員、個別対応職員、職業指導員及び医療的ケアを担当する職員の配置について」で配置することとされる専門職を指します。「■」は、それぞれの施設に配置されている「母子支援員」「児童厚生員」「児童生活支援員」の資格要件に「保育士」も含まれていることを表しています。

注2：助産施設は、医療法に規定される病院等が指定されているため、医療法に定められる職員が配置されます。

注3：2022（令和4）年の改正により、2024（同6）年4月からは、従来の「福祉型」「医療型」の類型は一元化されています（p.111 表7-2、p.145 表9-1を参照）。

注4：「児童家庭支援センター設置運営要綱」において「相談・支援を担当する職員」「心理療法等を担当する職員」を配置することとされています。

注5：2022（令和4）年の改正により、2024（同6）年4月創設の「里親支援センター」（p.111 表7-2を参照）では、一貫した体制で継続的に里親等支援を提供するための職員（里親等支援員、里親研修等担当者（トレーナー）、里親リクルーター）が配置されます。

す。資格要件は、保育士資格や社会福祉士資格保有者などです。

○遊びを指導する者（児童厚生員）

　児童厚生施設での遊びの指導を通じて、子どもの健康増進や情緒の安定など健全育成を図る専門職です。資格要件は、保育士資格や社会福祉士資格、教員免許状の保有者などです。

○児童自立支援専門員

　児童自立支援施設において子どもの自立支援を行っています。資格要件は、児童自立支援専門員養成校を卒業した者、社会福祉士資格保有者などです。

○児童生活支援員

　児童自立支援施設において子どもの生活支援を行っています。資格要件は、保育士資格や社会福祉士資格保有者などです。

○個別対応職員

　乳児院や児童養護施設等に配置され、被虐待児等の個別対応が必要な子どもへの1対1の対応、保護者への援助等を行っています。資格要件は特に設けられていません。

○家庭支援専門相談員（ファミリーソーシャルワーカー）

　児童相談所との密接な連携のもと、乳児院や児童養護施設等に入所している子どもの早期家庭復帰、里親委託等を可能とするための相談援助等を行っています。資格要件は、児童養護施設等（里親を含む）において5年以上従事した者、社会福祉士資格保有者などです。

○里親支援専門相談員

　乳児院や児童養護施設に配置され、入所している子どもの里親委託の推進、退所する子どものアフターケアとしての里親支援、地域支援としての里親支援を行っています。資格要件は、児童養護施設等（里親を含む）において5年以上従事した者であって、里親制度への理解およびソーシャルワークの視点を有する者、社会福祉士資格保有者などです。

○心理療法担当職員・心理指導担当職員

　児童心理治療施設などに配置され、虐待等による心的外傷等のため心理療法を必要とする子ども等に心理療法を行い、心理的な困難を改善し、安心感・安全感の再形成および人間関係の修正等を図ることによる自立の支援を行っています。資格要件は、大学で心理学を専修し、個人および集団心理療法の技術を有する者となっています。

○保育教諭

　幼保連携型認定こども園に配置され、子どもの教育と保育を行っています。幼稚園教諭の普通免許状と保育士資格の両方を有していることを原則としています。

○そのほかの専門職（子どもの福祉領域）

2022（令和4）年の児童福祉法の改正により、次の資格制度が創設されました（2024（同6）年4月1日施行）*5。

「こども家庭ソーシャルワーカー」は、子どもや子育て家庭が抱えるさまざまな生活課題に対応する専門職です*6。児童相談所や市区町村の虐待相談対応部門、児童養護施設などの幅広い職場でのソーシャルワーク*7の実践が規定されています。

「親子関係再構築支援員」は、児童相談所に加配される専門職です。児童相談所の介入により、社会的養護に関わる施設への入所等、親子分離した子どもの親子関係の修復にあたり、他機関との連絡調整（他機関における支援の状況等の確認、支援方針の共有など）や親子の面会・外出等の補助をします。一方、児童相談所とは独立した立場にある専門職者である「意見表明等支援員」*8は、児童虐待への対応や社会的養護にかかる子どもの権利が守られる体制の構築が進むよう、子ども本人の意見を表明することを支援します。

④関連領域の専門職

これまで見てきたように、社会福祉領域だけでもさまざまな専門職が利用者への支援を行っていることがわかります。しかし、その支援は社会福祉の専門職だけで行われているのではなく、医療や保健、教育等さまざまな分野の専門職とも連携・協働しながら展開されています。

○医師・看護師・保健師

医師は、医師法第1条で「医療及び保健指導を掌ることによつて公衆衛生の向上及び増進に寄与し、もつて国民の健康な生活を確保するもの」と定められています。

看護師は、保健師助産師看護師法第5条で「傷病者若しくはじよく婦に対する療養上の世話又は診療の補助を行うことを業とする者」と定められています。医師、看護師は業務独占の国家資格で、医療現場だけではなく、行政機関（児童相談所等）や社会福祉施設等でも働いています。社会福祉施設には、職員配置として医師等を置くことが基準となっている施設もあります。

保健師は、保健師助産師看護師法第2条で「保健師の名称を用いて、保健指導に従事することを業とする者」と定められています。保健所や市町村保健センターに配置され、地域保健を担っています。

○理学療法士（PT）・作業療法士（OT）・言語聴覚士（ST）

理学療法とは、身体障害者に対して、治療体操その他の運動を行わせ、また電気刺激、マッサージ、温熱を加えることによって、基本的動作能力の回復を図ることをいいます。理学療法士は、医師の指示のもとに理学療法を

＊5
この背景の一つには、Chapter 1で学んだように、子育て世帯を取り巻くさまざまな社会課題、特に児童虐待といった、子どもの人権侵害へのさらなる対応が求められていることがいえます。

＊6
児童福祉法では、児童福祉司の任用資格として位置付けられますが、2026（令和8）年を目途に国家資格化も含めた検討が進められることになります。

＊7　ソーシャルワーク
p.151を参照のこと。

＊8　意見表明等支援員
p.171を参照のこと。

行っています。

　作業療法とは、身体障害者または精神障害者に対して、手芸、工作等の作業を行わせることで、応用的動作能力または社会的適応能力の回復を図ることをいいます。作業療法士は医師の指示のもとに作業療法を行っています。

　言語聴覚士は、音声機能、言語機能または聴覚に障害のある者に対して、機能の維持向上を図るために言語訓練、必要な検査および助言や指導等の援助を行う専門職です。

　これらの専門職は医療機関である病院だけでなく、医療型の障害児入所施設や児童発達支援センターにも配置されており、障害のある子どもに機能訓練を行っています。

〇教育現場の専門職

　幼稚園、小・中・高等学校、特別支援学校では、学校教育法に定められている教育職員が勤務し、教育を行っています。また近年教育現場には、心理の専門家として、児童生徒へのカウンセリングなどを行うスクールカウンセラー、福祉の専門家として問題を抱える児童生徒が置かれた環境への働きかけなどを行うスクールソーシャルワーカーが配置されています。

2　これからの社会福祉の専門職

> **要約** ▶ これからの社会福祉の専門職は、その実践のなかでさまざまな関係機関や専門職と「連携・協働」していくことが重要になります。

　今日の日本は、少子高齢化に伴い介護や保育等の福祉ニーズが増加しています。また、核家族化、ひとり親世帯や単独世帯の増加によって、家族が元来持っていた機能を果たせなくなっており、加えて地域のつながりも希薄化し地域内の支援力が低下しているといわれています。さらに近年は、子ども虐待の深刻化、子どもの貧困や若者・中高年の引きこもりが増加するなど、新たなニーズや複雑化した生活問題も明らかになっています。

　こうした社会のもとでは、一つの専門職のみで専門分野を超えた専門的支援を実践していくことは非常に困難であり、限界もあります。そこで重要なことは、他の専門領域の支援機関や専門職との「連携・協働」です。また、それぞれの専門性や機能・役割への理解が必要であるとともに、社会福祉専門職としての役割や業務を説明できるなど、専門職としての意識と責任を持つことが重要になります。

　そのうえで忘れてはならないことは、社会福祉実践の主体は利用者であるということです。専門職の考える「その人にとっての幸福や生活」のもとに

なるものは、「その人の望む幸福と生活」です。利用者の声に常に耳を傾けながら、ともに追求する姿勢が求められています。

【参考文献】
● 相澤譲治・杉山博昭編『十訂　保育士をめざす人の社会福祉』みらい　2023年
● 厚生労働省『令和5年版厚生労働白書』日経印刷
● 櫻井奈津子編『保育と子ども家庭福祉　第2版』みらい　2024年
● 児童育成協会監修、松原康雄・圷洋一・金子充編『社会福祉　第2版』中央法規出版　2023年
● 野口典子「施設に住まう」日本社会福祉学会事典編集委員会編『社会福祉学事典』丸善出版　2014年

●学びを振り返るアウトプットノート

年 月 日( ) 第( )限　学籍番号........................　氏名..

❖ この Chapter で学んだこと、そのなかで感じたこと（テーマを変更しても OK）

❖ 理解できなかったこと、疑問点（テーマを変更しても OK）

❖ＴＲＹしてみよう❖

① （　　　　　　　　　）は、高齢者、子ども、障害者、生活困窮者など、日常生活のなかで
さまざまな課題を抱えている人に福祉サービスを提供する施設である。

② （　　　　　　　　　　　　　　　　　）は、児童福祉施設の設備や職員配置等
について定めた基準である。

③ （　　　　　　　　　）は、乳児院や児童養護施設に配置され、入所している子ども
の里親委託の推進、退所する子どものアフターケアとしての里親支援、地域支援として
の里親支援を行っている。

◯ コラム⑤ 福祉専門職（対人援助職）として職員間の「人間関係づくり」に努めよう ◯

　この Chapter で学んだように、わが国には実に多くの社会福祉施設が存在し、そこでは
さまざまな資格を有した "専門職" が日々対象者の支援に励んでいます。

　では、みなさんは「専門職」についてどのように考えていますか。多くの人は「その職務
を遂行するにあたって、必要となる専門的な知識・スキルを体系的に学ばなければ就くこと
のできない職業」といった考えを持つのではないかと思われます。また、国家資格を必要と
する職業を指すことが多いことから、一説では職能団体が存在し、倫理綱領を有しているこ
とをもって専門職と定義するという見解もあるようです。こうしたことからも、みなさんが
目指す保育士もれっきとした「福祉専門職」であることが認識できるでしょう。

　この福祉専門職は、人と関わる、また人を援助する仕事・職種であることから「対人援助
職」ともいわれています。そこで、ここでは対人援助職という視点から、鯖戸善弘著『**対人
援助職リーダーのための人間関係づくりワーク──チームマネジメントをめざして──**』（金子書
房、2017 年）を紹介します。

　本書は、「チームマネジメント」「対人援助職の基本」（理念・ホスピタリティ・情報共有と合意
形成・リーダーシップ）、「職場の関係性改善」（コーチングスキル・PDCA サイクル等）に関する理解
と、それらの重要性に気付くワークを通じ、「人間関係づくり」「組織形成」の方法を学ぶこ
とのできる構成となっています。なかでも、冒頭で「対話」の重要性にふれ、組織形成にお
いては「職場のメンバー同士の関係性を整える」ことが重要であること、さらには「～する
にはどうしたらいいの？」というコミュニケーションの図り方についての問いに対し「スキ
ルではなく関係性の問題」という筆者の私見が述べられていることに注目してほしいと思い
ます。もちろん、保育者として身に付けるべき知識・技術などは多々ありますが、昨今よく
耳にする「多職種連携」「チームケア」ということを考えると、さまざまな側面を持つ自分（自
己覚知）を開示し、同様に他者のさまざまな側面も受け入れ（受容）、互いの関係性の理解を
促進していくことで、より良い関係性が拡大していくという認識のもと、「人間関係づくり」
にいかに取り組むかが極めて重要となります。なぜなら、職場（保育所など）のメンバー間の
関係性を整えることで、チームとしてのモチベーションも上がり、ひいては対象者（子ども
や保護者など）に対する援助の質、チームとしての社会（地域）への貢献度の向上にもつなが
るからです。

　本書は、みなさんが保育者となるうえで、また将来、リーダーとして働くようになるうえ
で意義ある書籍となることでしょう。みなさんが、保育の知識・技術以外のこうした人間関
係づくりに気を配り、また努めることのできる有能な保育者になることを期待しています。

社会保障制度

●イメージをつかむインプットノート

Section 1 「社会保障制度とは」のアウトライン

私たちの暮らしを保障してくれるわが国の社会保障制度について、その概念や体系、機能について学びます（p.85）。

Keyword

☐ 病気・けが、失業等の生活課題
☐ 社会保障制度に関する勧告

社会保障制度は、社会保険、公的扶助、社会福祉、保健医療・公衆衛生に大別できます。

Section 2 「社会保険」のアウトライン

社会保険のなかの、医療保険・年金保険・介護保険・労働保険のそれぞれについて、その制度や対象者、受給方法等を学びます（p.87）。

Keyword

☐ 医療保険
☐ 年金保険
☐ 介護保険
☐ 労働保険

Section **3** 「公的扶助」のアウトライン

　日本の公的扶助の柱である生活保護制度について、またそのほかの低所得者支援施策について学びます（p.91）。

Keyword

- ☑ 貧困・生活困窮
- ☑ 生活保護制度
- ☑ 生活困窮者自立支援制度

生活保護制度で保障

生活保護制度は「健康で文化的な最低限度の生活」を送ることができるように保障します。

Section 1 社会保障制度とは

3分 Thinking

- 社会保障制度が私たちの暮らしにどのように関わっているか、具体的に考えてみましょう。

1　社会保障制度と私たちの暮らし

> **要約**　私たちが生活上のさまざまな課題に直面した際に、生活の保障をしてくれるのが社会保障制度です。

　わが国には、日本国憲法第25条に規定される「すべて国民は、健康で文化的な最低限度の生活を営む権利を有する」という生存権の保障があります。しかし、私たちが生きていく過程では、病気やけが、失業等によって、生存権が脅かされる事態となることもあります。そうした生活問題に対する保障の仕組みが社会保障制度です。

　社会保障制度は、大きく4つの柱で構成されています。すなわち、「社会保険」「公的扶助」「社会福祉」「保健医療・公衆衛生」です。

2　社会保障の概念と体系

> **要約**　社会保障制度は、私たちの生活を生涯にわたって支えるものであり、その機能には、主として、①生活安定・向上機能、②所得再分配機能、③経済安定機能の3つがあります。

①社会保障の概念と体系

　わが国の社会保障制度の定義としては、1950（昭和25）年の社会保障制度審議会による「社会保障制度に関する勧告」（1950年勧告）によるものが代表的とされます。

　社会保障制度の目的は、そもそも「1950年勧告」当時は貧困からの救済（救貧）や貧困に陥ることの予防（防貧）といった「最低限度の生活の保障」に力点が置かれていましたが、その後、社会保障制度が質量ともにさまざまに充実・拡大が図られていったことにより、近年では「救貧」「防貧」を超え、「広く国民に安定した生活を保障するもの」へと変わってきました。

　1993（平成5）年の社会保障制度審議会「社会保障将来像委員会第一次

報告」では、社会保障とは、「国民の生活の安定が損なわれた場合に、国民にすこやかで安心できる生活を保障することを目的として、公的責任で生活を支える給付を行うもの」と定義されています。これらの定義をふまえて、生涯にわたる社会保障制度の体系を整理すると、図6−1のようになります。

②社会保障の機能

　社会保障の機能は、主として、①生活安定・向上機能、②所得再分配機能、③経済安定機能の３つがあげられます。

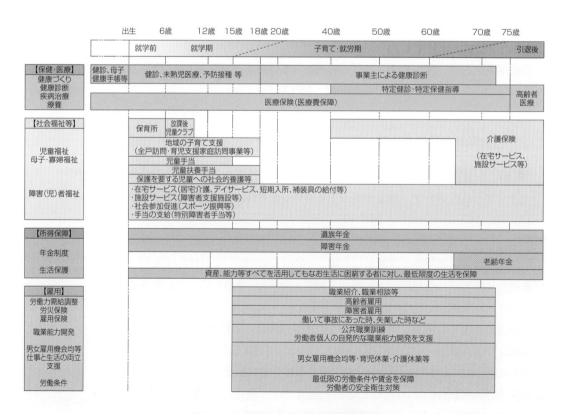

図6−1　生涯にわたる社会保障制度

出典：厚生労働省「社会保障とは何か」　https://www.mhlw.go.jp/stf/newpage_21479.html（2023年8月13日閲覧）

○生活安定・向上機能

　社会保障が持つ機能の１つ目は、生活のリスクに対応し、生活の安定を図り、安心をもたらす「生活安定・向上機能」です。例えば、病気やけがをした場合に、一定の自己負担で必要な医療を受けることや、高齢者が老齢年金や介護保険により安定した生活を送ることができるようにします。

○所得再分配機能

　２つ目は、所得を個人や世帯の間で移転させることにより、国民の生活の安定を図る「所得再分配機能」です。 社会保障制度の財源である税や社会保険料の多くは、所得に応じて額が決められているので、所得の高い人がより多くの税や保険料を拠出するようになっており、所得の格差を緩和する効果があります。また、低所得者はより少ない税・保険料負担で社会保障の給付を受けることができます。

○経済安定機能

　３つ目は、景気変動を緩和し、経済を安定させる「経済安定機能」です。例えば、雇用保険制度は、失業中の家計収入を支えると同時に、個人消費の減少による景気の落ち込みを抑制する効果にもなります。また、公的年金制度のような継続的に一定の額の現金が支給される制度は、高齢者などの生活を安定させると同時に消費活動を支え、経済社会の安定に寄与しています。

社会保険

3分 Thinking

・年金保険に加入する利点について具体的に考えてみましょう。

1　医療保険
要約 ▶ 病気やけがなどの際に一定の自己負担で医療サービスを受けられる制度が医療保険であり、サービスを受けるためには医療保険への加入が必要です。

　医療保険とは、病気やけが、出産等の際に必要な医療サービスを受ける機会を平等に保障するためのもので、国民がそれぞれ加入している医療保険から保険給付がなされます。国民は一定の保険料を支払うことで、低額で医療サービスを受けることができます。国民皆保険[*1]を維持するために、公費

> *1　**国民皆保険**
> p.37 を参照のこと。

も財源の一部となっています。

ここでは加入者の多い以下の３つの保険制度について見ていきます。

①健康保険

主に民間企業の正社員とその被扶養者を加入者とする健康保険は、事業所の規模によって、大きく２つに分けられます。１つは、主に大企業が単独もしくは共同で構成する組合管掌健康保険であり、2020（令和２）年３月末現在で2,884万人が加入しています。もう１つは、主に中小企業の正社員とその被扶養者が、全国健康保険協会管掌健康保険に加入しており、2020（同２）年３月末現在で4,044万人が加入しています。

②国民健康保険

国民健康保険は、75歳未満の高齢者や自営業者、失業者、非正規雇用者などを対象とする医療保険で、2020（令和２）年３月末現在で2,660万人が加入しています。

③後期高齢者医療制度

2008（平成20）年４月に創設された後期高齢者医療制度は、75歳以上の後期高齢者と65歳から75歳未満で一定の障害のある前期高齢者を対象としており、2020（令和２）年３月末現在で1,803万人が加入しています。

④自己負担

医療サービスを受ける際に被保険者は、医療機関の窓口等で一定の自己負担額の支払いが必要となります。原則として、義務教育就学前までの子どもはかかった医療費の２割、義務教育就学後から70歳未満の者は３割、70歳から75歳未満の高齢者は２割、75歳以上は１割負担となっています。ただし、70歳以上の現役並みの所得者（年収約370万円以上）は３割負担です*2。

自己負担は、医療サービスを利用した分に応じた支払いを行う応益負担が原則ですが、負担が大きくなりすぎないようにするための高額療養費制度や、医療保険と介護保険を合わせた自己負担額の上限を定め、高齢者等の自己負担が過重にならないようにするための高額介護合算療養費制度があります。また、出産の際の経済的負担の軽減を図るため、かかった金額の差額分のみを自己負担として支払う出産育児一時金制度*3もあります。

*2
2020（令和２）年の「全世代型社会保障改革の方針について」等をふまえ、従来の「給付は高齢者中心、負担は現役世代中心」という社会保障の構造変革（全世代対応型の社会保障制度）が進むなか、現役並み所得者以外で一定所得以上ある75歳以上の高齢者は２割負担となりました。

*3
2023（令和）年４月より出産育児一時金の給付額は42万円から50万円へと増額され、その財源の一部は後期高齢者医療制度で賄われます（「*2」の増税分）。

2 年金保険

> **要約** ▶ 老齢や障害、死亡などによって生じる生活のリスクに対して経済的に保障されるのが年金保険であり、保障を受けるためには年金保険への加入が必要です。

①年金保険とは

年金保険とは、老齢、障害、死亡によって生じる所得の減少等に対して、本人や遺族の生活を経済的に保障するもので、国民年金や厚生年金等の加入している年金制度から老齢年金、障害年金、遺族年金が給付される制度です。

②年金保険の種類

わが国の公的年金は国民年金（基礎年金）と厚生年金の2つが中心です。国民年金は満20歳から60歳までのすべての住民が加入対象となっています。また、厚生年金の加入対象は70歳未満の雇用労働者です。どちらの制度も日本に居住する外国人も強制加入対象になっています。

③年金支給対象・支給要件等

国民年金は、保険料を納めた期間などが10年以上（2017［平成29］年7月までは25年以上でした）あると、原則として、65歳から老齢基礎年金を受け取ることができます。給付額は保険料を納めた期間などの長さに応じて計算することとされており、その期間が40年以上の場合は満額の老齢基礎年金（2023［令和5］年度で月額6万6,250円）を受け取ることができます。

厚生年金は、老齢基礎年金の受給資格を有する人が、原則として、65歳になると老齢厚生年金を受け取ることができます。

このほかに、被保険者が病気やけがなどにより障害を負ったときには、障害基礎年金、障害厚生年金が支給され、被保険者や年金受給者が死亡したときには、遺族基礎年金、遺族厚生年金が遺族に対して支給されます。

3 介護保険

> **要約** ▶ 高齢や特定疾病等により、要支援・要介護状態になった場合に介護サービスが受けられるのが介護保険制度であり、40歳以上の人に加入の義務があります。

①介護保険とは

介護保険とは、高齢や特定疾病等により要支援・要介護状態になった人に対して、介護サービスを提供する制度です。詳しくはChapter 8で学びます。

介護保険制度は、高齢化の進展に伴う介護ニーズの増大や、介護期間の長期化、核家族化の進行、介護する家族の高齢化など、要介護高齢者を支えてきた家族をめぐる状況の変化をふまえ、2000（平成12）年4月に、高齢者の介護を社会全体で支え合う仕組みとして創設されました。

②介護保険の加入とサービスの利用

　介護保険制度の被保険者は、原則としてすべての40歳以上が対象となっており、65歳以上は第1号被保険者、40〜64歳までは第2号被保険者となります。介護サービスについては、第1号被保険者は原因を問わず要支援・要介護状態となったときに、第2号被保険者は特定疾病が原因で要支援・要介護状態となったときに、受けることができます。介護サービスを受けるにあたっては、市町村の認定が必要で、認定に基づいて、介護（予防）サービスの利用計画（ケアプラン）が作成され、サービスが提供されます。

4　労働保険

> **要約** ▶ 雇用保険と労働者災害補償保険（労災保険）を総称したものを労働保険といい、労働者が失業したり、けがや死亡したりした場合等の生活を保障する制度です。

　労働保険とは、雇用保険と労働者災害補償保険（労災保険）を総称したものです。

　雇用保険とは、労働者の生活や雇用の安定、就職促進のための保険です。労働者が失業した場合に失業中の生活を経済的に保障する求職者給付や再就職の促進を図るための就職促進給付、職業に関する教育訓練を受けた場合にその費用の一部を支給する教育訓練給付、雇用継続給付があります。雇用継続給付では、定年後の再雇用や育児・介護のために休業した際に、高年齢雇用継続給付、育児休業給付、介護休業給付などが給付され、労働者を支援しています。

　労働者災害補償保険とは、労働者が勤務中や通勤中に負傷したり死亡したりした場合に保険給付が行われます。勤務中の災害には、療養補償給付や休業補償給付、障害補償給付、遺族補償給付などが、通勤中の災害には、療養給付や休業給付、障害給付、遺族給付などが給付されます。

Section 3 公的扶助

⏱ 3分 Thinking

- 「健康で文化的な最低限度の生活」と聞いて、どのような生活が思い浮かぶか考えてみましょう。

1　公的扶助制度（生活保護制度）

> **要約** ▶ 公的扶助は「暮らしを守る最後のセーフティネット」です。日本では一般的に公的扶助という場合、生活保護制度を指します。

①公的扶助の役割

　公的扶助とは、Section 2で学習した社会保険とは異なり、生活に困窮するすべての国民を対象としています。社会保険と対比すると、公的扶助の持つ性格が明らかになってきます（表6-1）。

　さらに公的扶助の役割として重要なのが、ナショナル・ミニマム（国民的最低限）を最終的に保障することです。その国に暮らすすべての人の生活を、さながらゴールキーパーのように守ることを目指しているのです。日本では一般的に公的扶助という場合、生活保護制度を指します。

②公的扶助の社会的位置付け

　公的扶助の社会的位置付けは、よく「暮らしを守る最後のセーフティネット」と表現されます。「最後の」ということは、暮らしを守るセーフティネッ

表6-1　生活保護と社会保険の違い

	生活保護	社会保険
費用・財源	公費負担	被保険者からの拠出が条件 一部公費負担の場合あり
対象	要保護状態にあるもの 日本では資産調査（ミーンズテスト）が行われる	被保険者 保険料負担免除の場合あり
給付	必要に応じた個別給付	事故やニーズに対して画一的に給付
給付水準	国が定める最低生活水準	平均的な生活需要が満たされるよう事前に設定された金額
対応	貧困に陥った原因を問わない	事故原因が問われる

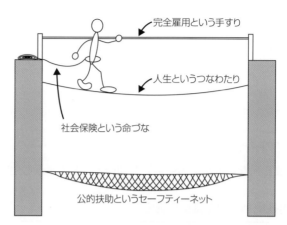

図6-2　公的扶助の位置付け

出典：山森亮『ベーシック・インカム入門―無条件給付の基本
所得を考える―』光文社　2009年　p.30

トはほかにもあるということを意味します。図6-2の綱渡りのイラストを見てください。「完全雇用という手すり」「社会保険という命づな」が描かれています。ここからわかることは、まずは健全な労働市場があり、そして社会保険が完備されていることが、公的扶助が正しく社会的に機能するための大前提だということです。

体系的に労働政策や社会保障制度が整備されて、初めて公的扶助は役割を果たすことができるのです。

③社会手当

公的扶助や社会保険を補完する位置付けにあるのが「社会手当」です。社会手当は保険料の負担はありませんが、資産調査が行われない点で公的扶助とは異なっています。主な社会手当には、児童手当・児童扶養手当・特別児童扶養手当・障害児福祉手当・特別障害者手当 *4 などがあります。社会手当は対象を限定して支給するものが多いですが、児童手当のように幅広い対象に支給され、ベーシックインカム *5 の考え方に近いものもあります。

2　生活保護の原理・原則

> **要約** ▶ 生活保護制度が正しく運用されるために、「4つの原理」「4つの原則」が存在します。

①生活保護制度

生活保護制度とは、日本国憲法第25条に定められている生存権の保障を担う制度であり、わが国の「最後のセーフティネット」です。生活保護は、

貧困状態に陥った人 *6 の暮らしを守るために、なくてはならない社会保障制度の一翼を担っています。

②生活保護の4つの原理

○国家責任の原理 （生活保護法第1条）

　生活保護実施の責任主体は国家にあることを示しています。日本国憲法第25条に定める「生存権」を具現化する大切な原理です。

○無差別平等の原理 （生活保護法第2条）

　保護はその身分や社会的地位に関係なく平等に行われることを示しています。加えて、貧困に陥った原因にとらわれず、貧困状態そのものに着目して保護することを示しています。

○最低生活保障の原理 （生活保護法第3条）

　生活保護制度が保障すべき水準は、日本国憲法第25条で定める「健康で文化的な最低限度の生活」であることを示しています。

○補足性の原理 （生活保護法第4条）

　生活保護制度は被保護者に対して「資産、能力その他あらゆるものの活用」を求めています。そのため、日本では資産調査（ミーンズテスト）が行われます。また、「他法他施策の優先」といって、生活保護の適用にあたっては生活保護制度以外の法制度（社会保険や社会手当など）の活用がまず求められます。それでもなお、最低生活が維持できない場合に生活保護制度を受給することが可能となります。

③生活保護の4つの原則

○申請保護の原則 （生活保護法第7条）

　申請保護の原則は、本人、その扶養義務者、同居の親族の申請に基づいて保護が行われることをいいます。ただし、生活保護制度は「最後のセーフティネット」という位置付けのため、要保護者が急迫した状況（行倒れなど）にあるときは、申請がなくても必要な保護を行うことができます。これを職権保護（急迫保護）といいます。

○基準及び程度の原則 （生活保護法第8条）

　保護は、厚生労働大臣の定める基準に基づき行われること、また、最低限度の生活の需要を満たすに十分なものであって、これを超えないものでなければならないことを示しています。厚生労働大臣が定める生活保護の基準は、被保護者が受給する金額等を決定する基準であると同時に、その世帯が生活保護制度の対象か否かを見極める基準としても作用しています。

*6
例えば、リストラや会社の倒産などで収入が途絶えて困窮している人、お年寄りで年金に未加入、あるいはさまざまな事情で年金額が少ない人、ひとり親で子どもがまだ小さく、働こうにも働けない世帯などを思い浮かべてみましょう。

○必要即応の原則 （生活保護法第9条）

　保護の決定や実施にあたっては、保護を必要とする人の年齢別・性別・世帯構成別・健康状態などの実情に合わせ、有効かつ適切に行うことを示しています。これは生活保護制度が機械的・画一的に運用されることがないように戒めるための大切な原則です。

○世帯単位の原則 （生活保護法第10条）

　社会通念上、貧困は個人ではなく世帯単位で表れるという考え方に基づいた原則です。保護は世帯を単位として行われますが、例外として「世帯分離」を行って、個人単位で保護を実施する場合もあります。

3　生活保護制度の実際

> **要約** ▶ 生活保護には8種類の扶助があります。また、生活保護における被保護実人員数・世帯数、保護率は高止まり傾向にあります。

＊7　生活保護の適正化
生活保護の適正運用のためには漏給（保護を必要とする人に保護が行き届かない）や濫給（いわゆる不正受給など）を防ぐことが重要です。しかし実際には、濫給防止に偏った取り組みが目立ちました。

＊8　水際作戦
生活保護の申請があっても受理をせず、福祉事務所の窓口で文字通り「追い返す」という行為のことです。申請を受理し、審査を行った結果の不支給であれば手続き上問題はありませんが、そもそも申請を受理しないのは「申請主義」に反し違法となります。

①生活保護の体系

　生活保護制度は、「健康で文化的な最低限度の生活を送ることができる水準＝最低生活費」を目安に制度設計されています。図6－3のように、生活扶助（日常生活費）・住宅扶助（家賃や家の補修費）・教育扶助（義務教育にかかる費用）・介護扶助（介護保険の利用にかかる費用）・医療扶助（受診や入院等にかかる費用）・出産扶助（出産にかかる費用）・生業扶助（就職に必要な技能を修得する費用、高等学校の就学にかかる費用など）・葬祭扶助（葬祭にかかる費用）の8種類の扶助があり、これらの合計が最低生活費となります。実際に最低生活費を算出する際には、これらの8種類の扶助を必要に応じて積算していき、そこに各世帯の個別的な特別なニーズを補うための加算（妊産婦加算・障害者加算など）が行われ、最低生活費が算出されます。なお、勤労収入がある場合、最低生活費からその勤労収入分が差し引かれますが、就労による必要経費（被服費など）や就労意欲を考慮して、一定額が「勤労控除」という形で控除されます。

②生活保護の動向

　図6－4にあるように、生活保護における被保護人員数と保護率は、1995（平成7）年に過去最低を記録したのちは、被保護世帯数とともに増加の一途をたどりましたが、ここ数年は高止まりしています。生活保護の動向には景気の動向もさることながら、「生活保護の適正化」＊7「水際作戦」＊8といった保護の運用が大きく影響していることを加味すべきでしょう。

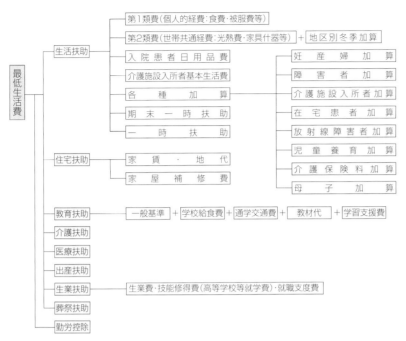

図6－3　最低生活費の体系

出典：厚生労働省「生活保護制度の概要等について」『第1回生活保護基準の新たな検証手法
の開発等に関する検討会参考資料2』2019年3月18日　p.11を一部改変

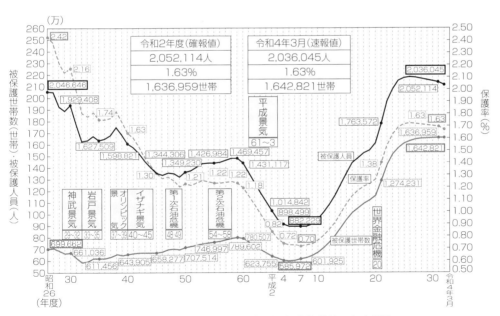

図6－4　被保護人員、保護率、被保護世帯数の年次推移

資料：被保護者調査（月次調査）（厚生労働省）（平成23年度以前の数値は福祉行政報告例）

出典：厚生労働省　第14回社会保障審議会生活困窮者自立支援及び生活保護部会「（資料5）生活保護制度の現状
について」（2022年6月3日）p.2

③生活保護をめぐる諸課題について

テレビのワイドショーやインターネットなどで生活保護の「不正受給」が取り上げられることがありますが、実態はどうなっているのでしょうか。

例えば、厚生労働省の発表では、2020（令和2）年度の不正受給件数は3万2,090件、不正受給総額は約126億円とされています。ここだけクローズアップされていると、「やっぱり不正受給は蔓延しているんだ」と思ってしまうでしょう。しかし、同年度の被保護世帯数は約163万世帯で、生活保護費の総額は約3兆5,800億円です。総額に占める不正受給金額の割合は約0.3%にすぎません。しかも、「不正」の中身は単純な申告漏れ（子どものアルバイト収入の申告漏れなど）が約6割を占め、詐欺まがいの悪質なものはごくわずかです。

一方で日本の生活保護制度の捕捉率[*9]は約2割程度（ヨーロッパの先進資本主義国では60〜80%）といわれています。生活保護を必要とする人たちの2割程度しかカバーできていないのです。

確かに不正受給は「あってはならないこと」ですし、毅然とした対応が求められます。しかし、不正受給の原因は受給者のモラル低下ではなく、ケースワーカー[*10]不足により生活実態の把握が立ち遅れていることが大きな要因です。ケースワーカー一人で100世帯以上を担当している現状もあり、きめ細かな支援は不可能です。こうした状況を放置し、不正受給を追及するよりも、捕捉率を上げる（必要な人に保護が行き渡るようにする＝生活保護のハードルを下げる）ことの方が先決ではないでしょうか。専門的知識を持ったケースワーカーを増員すれば、きめ細かい支援と不正受給の防止の一石二鳥となるはずです。

＊9 捕捉率
生活保護の受給資格を有する人数に占める保護受給者数をいいます。

＊10 ケースワーカー
福祉事務所において、保護受給者への相談援助活動を行っている専門職をいいます。社会福祉法では「現業員」と規定されています。

4　そのほかの低所得者支援施策

要約 ▶ 生活保護に至る前のセーフティネットとして、生活困窮者自立支援制度があります。また、金銭の貸し付けを行う生活福祉資金貸付制度があります。

①生活困窮者自立支援制度

生活困窮者自立支援制度は2015（平成27）年度から実施されています。さまざまな事情で「現に経済的に困窮し、最低限度の生活を維持することができなくなるおそれのある者＝生活困窮者」に対し、その自立の促進のために以下のような支援事業を実施する制度になります。

まず必須事業として、「自立相談支援事業」「住居確保給付金の支給」が定められています。加えて、任意事業として「就労準備支援事業」「家計改善

支援事業」「一時生活支援事業」と生活困窮家庭の子どもたちに対して「子どもの学習・生活支援事業」が用意されています。さらに、一般就労が困難な対象者には、中間的就労として「就労訓練事業」が設定されています。

　このように包括的な支援体制に始まって、住居の確保や就労支援を重ねていくのがこの制度の特徴です。自立に向けた支援を行いつつ、必要があれば即座に生活保護制度につないでいくという対応が求められます。

②生活福祉資金貸付制度

　都道府県社会福祉協議会を実施主体（窓口は市町村社協）として、低所得者世帯・障害者世帯・高齢者世帯に金銭の貸し付けを行う制度です。一部生活困窮者自立支援制度と連動しながら、無利子・低利子で総合支援資金、福祉資金、教育支援資金、不動産担保型生活資金を貸し付けます。

　新型コロナウイルス感染症が蔓延したことにより困窮状態に陥った世帯について、緊急小口資金や総合支援資金の特例貸付が行われました。そのほか、災害時にも特例貸付が行われる場合があります。

【参考文献・参考ホームページ】

Section 1・2
- 芝田英昭・鶴田禎人・村田隆史編『新版　基礎から学ぶ社会保障』自治体研究社　2019 年
- 橋本好市・宮田徹編『保育と社会福祉　第 4 版』みらい　2024 年
- 児童育成協会監修、松原康雄・圷洋一・金子充編『社会福祉　第 2 版』中央法規出版　2023 年
- 厚生労働省ホームページ　https://www.mhlw.go.jp/（2023 年 8 月 13 日閲覧）

Section 3
- 池田和彦・砂脇恵『公的扶助の基礎理論―現代の貧困と生活保護制度―』ミネルヴァ書房　2009 年
- 岡部卓・長友祐三・池谷秀登『生活保護ソーシャルワークはいま―より良い実践を目指して―』ミネルヴァ書房　2017 年
- みわよしこ『生活保護リアル』日本評論社　2013 年
- 吉永純『生活保護「改革」と生存権の保障―基準引き下げ、法改正、生活困窮者自立支援法―』明石書店　2015 年

●学びを振り返るアウトプットノート

年　月　日（　）第（　）限　　学籍番号＿＿＿＿＿＿＿＿＿　氏名＿＿＿＿＿＿＿＿＿＿＿＿＿＿＿

❖ このChapterで学んだこと、そのなかで感じたこと（テーマを変更してもOK）

❖ 理解できなかったこと、疑問点（テーマを変更してもOK）

✤ＴＲＹしてみよう✤

1 75歳未満の高齢者や自営業者、失業者、非正規雇用者などを対象とする医療保険を
（　　　　　　　　）という。

2 雇用保険と労働者災害補償保険（労災保険）を総称したものを（　　　　　　）という。

3 生活保護制度は「（　　　　）で（　　　　）な（　　　　　　）の生活」を送ることがで
きるよう保障するものである。

4 生活保護がその身分や社会的地位に関係なく平等に行われる原理を（　　　　　　　）の
原理という。

○コラム⑥ 社会保障を身近に感じるために―生活保護って何?―○

　今日の日本社会は、雇用形態の変化に伴って非正規雇用が増加しており、経済的に不安定な状況にある人が多くなっています。このような人たちは何らかの理由で働けなくなると、生活していくことができなくなるおそれがあります。そのほか、社会にはさまざまな困難を抱えて生きている人たちがいますが、人には誰しも生きる権利（生存権）があります。日本国憲法第25条にも「健康で文化的な最低限度の生活」を保障することが謳われています。そして、もし生活するすべがなくなったときにセーフティネットとなるのが、このChapterで学んだ社会保障制度のなかの「生活保護」です。しかしながら、生活保護に対する社会の理解はまだまだ十分とはいえないのが現状です。

　生活保護制度を理解するためのきっかけとして、2018（平成30）年にドラマにもなった吉岡里帆さん主演の「**健康で文化的な最低限度の生活**」（フジテレビ）を紹介したいと思います。このドラマは主人公の「えみる」が新卒公務員として福祉保健部生活課に配属されるところから始まります。えみるは生活保護がどのようなものかもわからず現場に出ていくこととなりますが、そこで出会った生活保護が必要な家庭の現状に驚き、とまどいながらも、その家庭にとって一番良いことはどんなことかを一緒に考え、えみる自身も成長していきます。ドラマに出てくる家庭の抱える課題はさまざまで、生活保護を受けながらもそのお金をギャンブルや飲酒に使ってしまう姿や、そのことを非難される場面、虐待の場面、さらには何ともやりきれない生活保護の不正受給として扱われてしまう場面など、とてもリアルな現状が描かれています。これらのケースは、一つの答えで物事が解決できるほど単純ではありません。複雑に絡み合った課題に丁寧に関わっていくことが求められます。また、えみるがさまざまなケースに対して多様な専門職らとともに生活保護が必要な家庭と関わっていく姿も、生活保護制度や専門職間の連携を理解するうえで非常に参考になると思います。なお、このドラマは漫画が原作になっていますので、そちらも参考にしてみてください。

　今後、高齢化が進むにつれて、これまで年金に未加入だったケースなどがあり、生活保護世帯が増えてくることも予想できます。また高齢者だけでなく、働けなくなったときは誰もが自分の力だけで生活を送ることが困難な状況に陥ることが予想され、生活保護制度の適正な運用が求められます。その一方で、生活保護を受ける前の支援（生活保護を受ける予備群）へのサポート体制をより充実させるとともに、生活保護を受けた後に社会復帰できるようなシステムをつくっていくことも求められています。

Chapter 7 子ども家庭福祉の法と制度

●イメージをつかむインプットノート

Section 1 「子ども家庭福祉の理念」のアウトライン

子ども家庭福祉の理念とは、子どもの幸せを実現するためのものです。すべての子どもとその家庭を対象として、子どもの権利を守り、子どもの最善の利益を第一に考えるという理念のもと、取り組まれています（p.102）。

Keyword

- ☑ 子どもの定義
- ☑ 子どもの権利条約
- ☑ こども基本法
- ☑ 児童福祉法
- ☑ 児童憲章
- ☑ 子どもの最善の利益

Section 2 「子どもと家庭への支援と子ども家庭福祉制度」のアウトライン

子ども家庭福祉を推進するために、多くの法律、実施機関や児童福祉施設があります（p.106）。

Keyword

- ☑ 子ども家庭福祉の基盤をなす法律
- ☑ 児童虐待防止法
- ☑ こども家庭庁
- ☑ 児童相談所
- ☑ 児童福祉施設

児童相談所や福祉事務所では、子ども家庭福祉に関わる相談業務等を行っています。

Section 3 「子育て支援にかかる今日的動向」のアウトライン

少子化が社会問題化するなかで、少子化対策（子育て支援施策）はさまざまな施策を経て、2015（平成 27）年度からは、子ども・子育て支援新制度に基づき行われています。しかし、社会全体として、さらなる解決を目指さなければならない課題が山積しています（p.112）。

Keyword

☐ 少子化対策
☐ 子ども・子育て支援新制度
☐ 子ども虐待
☐ 子どもの貧困
☐ 社会的養護

少子化問題等に対応するため、さまざまな施策が行われています。

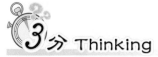

Section 1 子ども家庭福祉の理念

3分 Thinking

・子どもにとっての幸せとはどのような状態にあることでしょうか。思い付く限りあげてみましょう。

1 子ども家庭福祉の視点

> **要約** 児童福祉法では、児童（子ども）を「満18歳に満たない者」と規定しています。そして、保護者、国民、国と地方公共団体が、子どもを健やかに育成する責任を負っていると明記されています。

①子どもとは

　日本における子ども家庭福祉の基本原則を定めている「児童福祉法」では、第4条において児童（子ども）を「満18歳に満たない者」と規定しています。そして、誕生した瞬間から18年にわたる子ども時代を、乳児（満1歳に満たない者）、幼児（満1歳から小学校就学の始期に達するまでの者）、少年（小学校就学の始期から満18歳に達するまでの者）と、分類しています。

②子ども家庭福祉の担い手とは

　子どもは自分一人の力で生活し、成長していくことはできません。そのため、児童福祉法第2条に示されているように、子どもを「心身ともに健やかに育成」する責任を、国民、保護者、国と地方公共団体が負っています。なかでも、子どもを育成する第一義的な責任は保護者にあります。保護者が日々の生活を安定的に営み、安心して子育てできる家庭環境があってこそ、子どもは健やかに成長し、自立することができます。ですから、もしも保護者が生活に困っていたり子育てに悩んでいたりしたら、国と地方公共団体には、保護者の生活そのものや子育てを支援し、保護者とともに子どもの育つ環境を整えていくことが求められます。もちろん、私たち一人ひとりも社会の一員として、子どもの豊かな育ちをそれぞれの立場から支えていかなければなりません。

　先に子どもは自分一人の力で生活し、成長していくことはできないと述べましたが、これは子どもには何の力もない、大人の所有物にすぎないということではありません。子どもは大人と同様に一人の人間としての権利を持つ

存在であり、この社会に生きる人間としての権利を擁護されなければなりません。このことは、子どもの権利を包括的に保障する「こども基本法」の理念にも「こどもの基本的人権を尊重すること」「こどもの福祉・教育を保障すること」「こどもの意見が尊重されること」などとして盛り込まれています。

　子ども家庭福祉とは、子どもの幸せを実現するためのものであり、その対象となるのはすべての子どもとその家庭です。子どもと家庭に関する幅広い課題に、専門職や関係機関のみならず、私たち一人ひとりもそれらを支える担い手であるという自覚を持って、法律や制度などの社会資源を活用しながら、常に子どもの権利を守るという姿勢を持つことが必要です。

2　国際社会における子どもの権利保障

> **要約** ▶ 20世紀に起きた2つの世界大戦の反省の上に立って、子どもの権利に目が向けられるようになりました。そして現在、1989年に国際連合によって採択された「子どもの権利条約」が、世界的な観点から子どもの権利保障促進の基盤となっています。

①戦争の反省の上に立って採択された2つの権利宣言

　20世紀に入り、子どもの権利に関心が向けられるようになりましたが、振り返ってみると、この世紀は戦争の世紀でもありました。実際に2つの世界大戦では多くの子どもたちの命が奪われ、親を失った子どもも数知れずいました。また、人種差別や迫害などの人権侵害は子どもたちにも及びました。

　そこで、まずは第一次世界大戦（1914〜1918年）の反省の上に立ち、「児童の権利に関するジュネーブ宣言」が1924年に国際連盟で採択されました。「心身の正常な発達保障」「要保護児童の援助」「危機時の児童最優先の援助」「自活支援・搾取からの保護」「児童の育成目標」の5項目が人類共通の義務として宣言されました。

　しかし、国際社会は第二次世界大戦（1939〜1945年）に突入し、再び多くの子どもが犠牲となってしまいました。改めて、大戦後設立された国際連合によって、ジュネーブ宣言の精神と広く人類全般を対象とした「世界人権宣言」（1948年の第3回国際連合総会で採択）の規定をより具体化した「児童権利宣言」が1959年に採択されました[*1]。ここでは、すべての子どもの基本的人権、平等・権利・自由が強調されています。

②子どもの権利条約（児童の権利に関する条約[*2]）

　児童権利宣言が国際連合で採択されたものの、その後も子どもの権利は十分に守られませんでした。それは宣言が法的拘束力を伴わないものであっ

*1
世界人権宣言では、子どもを含めたすべての人間は生まれながらに基本的人権を持っていることを認められましたが、子どもは人間として成長発達を遂げる過程にあり、子どもに関する固有の権利を特記する必要があるとされ、児童権利宣言採択へとつながりました。

*2　**児童の権利に関する条約**
文部科学省が「児童」のみならず「子ども」という語を適宜使用することも考えられると示していることから「子どもの権利条約」とも呼ばれます（本書もこちらで表記します）。

＊3　コルチャック
コルチャック先生の名で知られる彼は、ユダヤ人ら孤児のための施設を設立し、生涯をかけて子どもの福祉と子ども自身が権利を持っていることの重要性を主張しました。200人の子どもとともにナチス・ドイツの強制収容所のガス室で最期を迎えたと伝えられます。

＊4
網野武博は「受動的権利とは、義務を負うべき者からの保護や援助を受けることによって効力を持つ権利である。また、能動的権利とは、人間として主張し行使する自由を得ることによって効力を持つ権利である」[1]と述べています。

たことも一つの要因でした。そうしたなか、ユダヤ人小児科医であり、教育者であったヤヌシュ・コルチャック（Korczak,J.）＊3の故国ポーランドから、1978年に草案が提出されたことをきっかけに、約10年にわたって審議された結果、1989年11月20日に国際連合総会で採択、翌年に発効されたのが「子どもの権利条約」です。なお条約とは、国家間または国家と国際機関との間の文章による契約です。日本国憲法第98条第2項において、「日本国が締結した条約及び確立された国際法規は、これを誠実に遵守することを必要とする」と規定しており、日本国憲法に劣位、法律に優先する効力を有しています（p.42 図3－1を参照）。

　この条約は、18歳未満の子どもを、権利を持つ主体と位置付け、大人と同様一人の人間としての人権を認めるとともに、成長の過程で特別な保護や配慮が必要な子どもならではの権利も定めています。日本ユニセフ協会によれば、本条約における子どもの権利は「生きる権利」「育つ権利」「守られる権利」「参加する権利」の4つに大きく分けられます。そして子どもに関わるすべての活動において、「子どもの最善の利益」（子どもにとって最も良いこと）を第一に考えていくことが大切であるとされています。

　なお、子どもの権利には2つの側面があります。「〜される」という表現で示され、大人から守られ与えられる「受動的権利」と、一人の人間として、自分の意見を自由に表明し、自由に表現できる「能動的権利」です＊4。子どもの権利条約は、子どもの「受動的権利」だけでなく「能動的権利」を初めて保障したものとして、大きな意味を持っています。

3　日本における子ども家庭福祉の理念

> **要約**　現在の日本における子ども家庭福祉の理念は、児童福祉法、児童憲章、子どもの権利条約、こども基本法に見ることができます。

＊5
制定当時の児童福祉法第1条は、次の通りです。2016（平成28）年改正の現行法第1条と比較してみてください。
①すべて国民は、児童が心身ともに健やかに生まれ、且つ、育成さ

①戦後日本の取り組み

○児童福祉法（1947［昭和22］年）

　第二次世界大戦後、敗戦国となった日本を統治していたGHQ（連合国総司令部）の指導のもと、1946（昭和21）年に制定された日本国憲法では、国民主権、基本的人権の尊重、平和主義の3大原則を守ることとされました。この日本国憲法の精神を基盤とし、日本の社会福祉法制の先駆けとして制定されたのが、児童福祉法です。これまで個別の法律で取り組まれていた児童保護を集約し、すべての子どもの生活保障、健全育成に視点を置いた法律として、戦後の子どもの福祉の方向性を示す画期的なものとなりました＊5。

○児童憲章（1951［昭和26］年）

　児童福祉法では、子どもの福祉についての国としての基本的考え方が定められました。そのうえで法律とは別に、親の都合に左右される所有物ではなく、社会の一員であるという子ども観を国民一人ひとりが持つことを目指して制定されたのが、児童憲章です。「児童は、人として尊ばれる」「児童は、社会の一員として重んぜられる」「児童は、よい環境のなかで育てられる」という3原則が示す理念は、今日の子ども家庭福祉に引き継がれています。

②子どもの権利条約批准後の法整備

　子どもの権利条約は1989年に国際連合で採択されましたが、日本の批准・締結（締約）*6は、当時の加盟国184か国中158番目の1994（平成6）年でした（2022年7月現在、子どもの権利条約の締結国・地域数は196です）。確かに戦後、日本は子どもの福祉に力を入れてきましたが、子どもの権利に関する意識が世界各国と比べると、十分ではなかったと解釈できます。

　しかし、条約は日本国憲法の次に優先されるため、戦後間もなく制定された児童福祉法や児童憲章に示されているような、「～される」という大人に対して子どもを受身に位置付ける枠組みを超えて、子どもの権利を捉えることが強く求められることになりました。その結果、条約批准から22年目に大改正された児童福祉法第1条において、児童福祉の理念は次のように記されました。

> **児童福祉法第1条**（2016［平成28］年5月27日成立。同年6月3日施行）
> 　全て児童は、児童の権利に関する条約の精神にのつとり、適切に養育されること、その生活を保障されること、愛され、保護されること、その心身の健やかな成長及び発達並びにその自立が図られることその他の福祉を等しく保障される権利を有する。

　2016（平成28）年の大改正後も、日本は子どもに関するさまざまな施策の充実に取り組んできました。しかしながら、少子化の進行、人口減少に歯止めはかからず、子ども虐待（児童虐待）や不登校、いじめの増加なども社会問題化しました。さらに2019（令和元）年末からの新型コロナウイルス感染症の流行も子どもを取り巻く状況の深刻さに拍車をかけました。それにも関わらず「子どもの権利が守られなければならない」と定める基本の法律が日本には存在しませんでした。そこで、子どもの権利に関する国の基本方針、理念および子どもの権利保障のための原理原則を定め、日本国憲法および子どもの権利条約で認められる子どもの権利を包括的に保障する「こども基本法」*7が2023（同5）年4月に施行されました。

*6　条約を国会などで審議し、承認することを「批准」といい、そののち、国際連合に伝えて国際的に表明し、条約に拘束される意思を表明することを「締結（締約）」といいます。

*7　**こども基本法**
その目的（第1条）は、次の通りです。「この法律は、日本国憲法及び児童の権利に関する条約の精神にのっとり、次代の社会を担う全てのこどもが、生涯にわたる人格形成の基礎を築き、自立した個人としてひとしく健やかに成長することができ、心身の状況、置かれている環境等にかかわらず、その権利の擁護が図られ、将来にわたって幸福な生活を送ることができる社会の実現を目指して、社会全体としてこども施策に取り組むことができるよう、こども施策に関し、基本理念を定め、国の責務等を明らかにし、及びこども施策の基本となる事項を定めると

れるように努めなければならない。②すべて児童は、ひとしくその生活を保障され、愛護されなければならない。

ともに、こども政策推進会議を設置すること等により、こども施策を総合的に推進することを目的とする」

　このように、現在の日本における子ども家庭福祉の基本理念は、児童福祉法、児童憲章、子どもの権利条約、そしてこども基本法に見ることができます。今後、さらに社会全体で、これらに基づいて、子どもが権利の主体であること、子どもの最善の利益を第一に考えることを大切にして、子ども家庭福祉のためのさまざまな取り組みを行っていかなければなりません。

Section 2　子どもと家庭への支援と子ども家庭福祉制度

3分 Thinking

・あなたの住んでいる地域で、保育所や幼稚園、認定こども園、学校以外で子どものための施設（場所）はあるでしょうか。思い付く限りあげてみましょう。

1　子ども家庭福祉の法律

要約 ▶ 子ども家庭福祉の実践を行うために、多くの法律が制定されています。また、社会が変化するなかで、より現実に即し、より良いものにするために、改正も重ねられています。

①子ども家庭福祉の基盤をなす法律

○こども基本法（2022［令和4］年）

　子どもに関するさまざまな取り組みを講ずるにあたっての共通の基盤として、子ども施策の基本理念や基本となる事項を明らかにし、社会全体で総合的かつ強力に実施していくための包括的な基本法として制定され、2023（令和5）年4月に施行されました。

　なお、この法律では18歳や20歳といった年齢で必要なサポートがとぎれないよう、心身の発達の過程にある者を「こども」と定義しています[*8]。

*8
こども基本法の題名、条文においては「こども」と平仮名表記が用いられます。p.57、p.109も参照のこと。

○児童福祉法（1947［昭和22］年）

　子ども家庭福祉に関する総合的な法律です。具体的には、児童福祉施設（第7条、第36～44条）や保育士（第18条の4）について規定しているほか、児童相談所や保育全般、障害児支援、養子縁組（里親）等についても定めており、学校教育以外の子どもの生活を支える基盤となる法律です。なお、先述した通り、この法律における「児童」は満18歳に満たない者をいいます。

○児童扶養手当法（1961［昭和36］年）

　父母が離婚等の理由により父または母がいない世帯、未婚による母子世帯、

父または母が一定の障害の状態にある世帯の「児童」に対して児童扶養手当を支給することにより、子どもの福祉の増進を図ることを目的に制定されました。従来は母子家庭を対象とした経済的支援でしたが、2010（平成22）年8月より、父子家庭も対象となりました。また、2012（同24）年8月からは、父または母が配偶者からの暴力（DV：ドメスティック・バイオレンス）で裁判所から保護命令を受けた児童も支給の対象に加えられました。

　なお、この法律における「児童」は18歳に達する日以後の3月31日までの間にある者、20歳未満の政令で定める程度の障害がある者をいいます。

○特別児童扶養手当等の支給に関する法律（1964［昭和39］年）

　障害児・者に手当を支給することにより、福祉の増進を図ることを目的に制定されました。手当には、①特別児童扶養手当（精神または身体に障害を有する児童を対象）、②障害児福祉手当（精神または身体に重度の障害を有する児童を対象）、③特別障害者手当（精神または身体に著しく重度の障害を有する者を対象）があります。

　なお、この法律における「障害児」は20歳未満の者、「特別障害者」は20歳以上で、一定の障害の状態のために常時特別の介護を必要とする者をいいます。

○母子及び父子並びに寡婦福祉法（1964［昭和39］年）

　母子家庭の福祉の増進を図ることを目的に母子福祉法として制定され、1981（昭和56）年には、母子家庭と寡婦*9を対象とした母子及び寡婦福祉法となりました。2002（平成14）年には父子家庭への支援も加えられ、2014（同26）年に現名に改称されています。

　なお、この法律における「児童」は20歳に満たない者をいいます。

○母子保健法（1965［昭和40］年）

　母性および乳幼児の健康の保持と推進を図るために制定されました。この法律に基づいて母子健康手帳の交付、乳幼児健康診査、妊産婦・保護者への保健指導、新生児・妊産婦*10への訪問指導などが行われています。

　なお、この法律における「乳児」「幼児」は児童福祉法の規定に沿っています。

○児童手当法（1971［昭和46］年）

　子どもを養育している者に手当を支給することにより生活の安定を図り、次代の社会を担う子どもの成長や発達を促すことを目的に制定されました*11。2019（令和元）年度現在の児童手当の支給月額は、3歳未満は一律1万5,000円、3歳から小学校修了までは、第1・2子の場合は1万円、第3子以降は1万5,000円、中学生は一律1万円です。

　ただし、主たる生計維持者には2段階の所得制限が設けられており、①「特例給付」相当は月額5,000円、②所得上限以上は対象外となっています（2022［令和4］年10月支給分から適用）*12。

*9　**寡婦**
現在、配偶者のない女子で、かつて母子家庭の母であった人をいいます。

*10
出生後28日を経過しない乳児を「新生児」といい、妊娠中または出産後1年以内の女子を「妊産婦」といいます。

*11
2010（平成22）年度、2011（同23）年度は、児童手当に代わる「子ども手当」が支給されましたが、2012（同24）年度からは、児童手当法に基づく「児童手当」が支給されています。

*12
所得制限限度額の960万円以上で所得上限限度額の1,200万円未満の場合は「特例給付」として支給されます。なお、2023（令和5）年の「こども未来戦略方針」では、2024（同6）年10月分から所得制限撤廃、支給対象を高校生年代まで延長するといった児童手当の拡充策が表明されています。

②子ども虐待の防止に関わる法律

　子ども虐待は、今日の子どもと家庭、子育てをめぐる最も深刻な社会問題です。2000年前後から、社会全体でこの問題に取り組むべく法律の制定が始まりました。

○児童虐待の防止等に関する法律（児童虐待防止法）（2000［平成12］年）

　子ども虐待が「人権を著しく侵害し、その心身の成長及び人格の形成に重大な影響を与える」行為であることを明記しています。そのうえで、人権侵害としての子ども虐待について虐待の予防・早期発見など虐待の防止に関する国と地方公共団体の責務を明確にすること、虐待を受けた子どもの保護・自立支援のための措置を定めることなど虐待防止の施策を促進し、子どもの権利擁護に役立てることが、この法律の目的であるとしています（第1条）。

　なお、子ども虐待として次の4つが規定されています（第2条［表7-1］）。

○子ども虐待に関連するそのほかの法律

　子ども虐待の問題について、子どもの権利擁護および虐待リスクが高い生活課題を抱える家庭・保護者支援という観点で捉えた法律も制定されています。例えば、「児童買春、児童ポルノに係る行為等の規制及び処罰並びに児童の保護等に関する法律（児童買春禁止法）」（1999［平成11］年）、「配偶者からの暴力の防止及び被害者の保護等に関する法律（DV防止法）」（2001［同13］年）、「子どもの貧困対策の推進に関する法律」（2013［同25］年）などです。

　さらに2022（令和4）年12月に改正・施行された「民法」においては、①親権者による子への懲戒権を認める規定を削除する（旧第822条の削除）と

表7-1　子ども虐待の定義

①身体的虐待	子どもの身体に外傷が生じ、または生じるおそれのある暴行を加えること （殴る、蹴る、物で叩く、熱湯をかける、冬に戸外に締め出す　など）
②性的虐待	子どもにわいせつな行為をすること、または子どもにわいせつな行為をさせること （性交や性的な行為を強制する、性器や性的画像を見せる、ポルノ写真の被写体にする　など）
③ネグレクト 　（養育の怠慢・拒否）	子どもの心身の正常な発達を妨げるような著しい減食または長時間の放置、保護者以外の同居人による身体的・性的・心理的虐待と同様の行為の放置、そのほかの保護者としての監護を著しく怠ること （食事を与えない、入浴させない、不潔な環境で生活させる、病気やけがの処置をしない、乳幼児を家に残して頻繁に外出する、同居人による虐待を放置する　など）
④心理的虐待	子どもに対する著しい暴言または著しく拒絶的な対応、子どもが同居する家庭における配偶者（事実婚を含む）に対する暴力、その他の子どもに著しい心理的外傷を与える言動を行うこと （暴言を繰り返す、無視する、ほかのきょうだいと著しく差別する、子どもの目の前で同居する配偶者を暴行する　など）

ともに、②親権者は、子の人格を尊重するとともに、子の年齢および発達の程度に配慮しなければならず、かつ、体罰等の子の心身の健全な発達に有害な影響を及ぼす言動をしてはならない、といった子の人格の尊重等を規定する条文が第821条として新設されました*13。

2　子ども家庭福祉の実施機関

要約 ▶ 子ども家庭福祉を実際に行う機関として国が設置するこども家庭庁がこども政策についての指令的役割を担い、地方公共団体が設置する児童相談所、福祉事務所、保健所・市町村保健センター、こども家庭センターなどにおいて、地域住民の相談に応じています。

①こども家庭庁

　こども家庭庁は、子どもと家庭の福祉の増進・保健の向上等の支援、子どもの権利擁護を任務とする、新たな行政機関として、2023（令和5）年4月1日に創設されました。従来、子どもに関する政策や支援は内閣府、厚生労働省、文部科学省など複数の省庁にまたがっていたため、担当部署や子どもの年齢で分断されがちでした。しかし、子どもにまつわる課題は待ったなしであり、早急に途切れない政策支援、社会基盤の整備が求められていることから、こども家庭庁は子ども政策全体を統括する司令塔的役割を担っています*14。

②児童相談所

　児童相談所は、児童福祉法に基づき、都道府県と政令指定都市に設置が義務付けられており、中核市（人口20万人以上）にも設置できる、子ども家庭福祉の専門的な行政機関です（p.60も参照）。その業務は、①子どもに関して、家庭その他からの専門的な相談に応じる、②子どもおよびその家庭について必要な調査、判定を行う、③調査、判定に基づき必要な指導を行う、④子どもを一時保護する、⑤保護を要する子どもを施設に入所させる、⑥里親への支援などです。職員としては、相談に応じ必要な調査・診断・指導を行う児童福祉司のほか、心理診断・心理治療を行う児童心理司、一時保護所などで子どもと関わる保育士、精神科医や小児科医などが配置されています。

③福祉事務所（家庭児童相談室）

　福祉事務所は、社会福祉法に基づき、都道府県と市（特別区を含む）に設置される社会福祉行政を総合的に行う行政機関です（p.60も参照）。多くの福祉事務所に家庭児童相談室が設置されており、家庭における子どもの養育や

*14
こども家庭庁設置の根拠となる「こども家庭庁設置法」の題名、条文においては「こども」と平仮名表記が用いられます。p.57、p.106も参照のこと。

しつけ、家族関係や学校生活等に関する悩みや相談に応じています。

④保健所・市町村保健センター

　保健所は、地域保健法に基づき、都道府県と政令指定都市、中核市、特別区等に設置される、地域における公衆衛生の中核的な行政機関です。子ども家庭福祉の分野では、乳幼児の発達支援、乳幼児健康診査、障害のある子どもへの療育相談、未熟児訪問相談など、主に母子保健を担っています。子ども虐待の問題が深刻化しているなかで、乳幼児健診や訪問活動などを通じた虐待の予防や発見、保護者への支援などを担う役割が一層期待されています。なお、市町村には保健センターがあります。

⑤こども家庭センター・地域子育て相談機関

　2022（令和4）年の改正児童福祉法により、市町村はすべての妊産婦・子育て世帯・子どもを対象に、一体的な相談を行う「こども家庭センター」*15 の設置に努めることになりました。併せて、子育て世帯が身近な地域で、より気軽に相談できる「地域子育て相談機関」（保育所、認定こども園、地域子育て支援拠点事業を行う場所など、的確な相談や助言を行える体制があると市町村が認めるもの）の整備が進められています。両者が密接に連携を図ることで、地域住民に対し、きめ細やかな子育て支援に関する情報提供を行うことが努力義務化されました。

*15　こども家庭センター
p.62 も参照のこと。

3　児童福祉施設

> **要約** ▶ 児童福祉法第7条で定められている13種類の児童福祉施設は、子ども家庭福祉の実践に重要な役割を果たしています。

　児童福祉法第7条では13種類の児童福祉施設を規定しており（表7−2）、子ども家庭福祉の実践に重要な役割を果たしています。利用形態は、入所・通所・利用の3種類です。

表7－2　児童福祉法に規定される児童福祉施設

施設の種類	事業種別／利用形態	目的・対象者
	関連施策	
助産施設 （法第36条）	第2種／入所	経済的理由により入院助産を受けることができない妊産婦を入所させて助産を行います。
	母子保健施策	
乳児院 （法第37条）	第1種／入所	乳児（特に必要のある場合は幼児も含む）を入院させ養育するとともに、退院した人について相談や援助を行います。
	要保護児童施策	
母子生活支援施設 （法第38条）	第1種／入所	母子を入所させ保護するとともに、自立のために生活を支援します。そして退所した人への相談や援助を行います。
	母子家庭福祉施策	
保育所 （法第39条）	第2種／通所	保育が必要な乳幼児を保護者のもとから通わせ保育を行います。
	保育施策	
幼保連携型認定こども園 （法第39条の2）	第2種／通所	幼稚園と保育所の機能を併せ持ち、教育と保育を一体的に行います。
	保育施策	
児童厚生施設 （法第40条）	第2種／利用	児童遊園、児童館等を利用する子どもに健全な遊びを与えて、その健康を促進し情操を豊かにします。
	児童健全育成施策	
児童養護施設 （法第41条）	第1種／入所	保護者のない子どもや虐待されている子ども、環境上養護を要する子どもを入所させて、養護し、併せて退所した人への相談や援助を行います。
	要保護児童施策	
障害児入所施設 （法第42条）	第1種／入所	障害がある子どもを入所させて、保護、日常生活における基本的な動作と独立自活に必要な知識技能の習得のための支援を行います。専門医療の有無により福祉型と医療型に区分されます。
	障害児施策	
児童発達支援センター （法第43条）	第2種／通所	地域の障害のある子どもの健全な発達において中核的な役割を担う機関。障害のある子どもを保護者のもとから通わせ、高度の専門的な知識や技術を必要とする児童発達支援を提供し、併せて保護者ら家族、指定障害児通所支援事業者等の関係者への相談、専門的な助言や必要な援助を行います。
	障害児施策	
児童心理治療施設 （法第43条の2）	第1種／入所・通所	家庭環境、学校での交友関係などの環境上の理由により社会生活への適応が困難な子どもを短期間入所させたり、保護者のもとから通わせたりして、社会生活に適応するために必要な心理治療や生活指導を行うとともに、退所した人への相談や援助を行います。
	要保護児童施策	
児童自立支援施設 （法第44条）	第1種／入所・通所	不良行為をなし、またはするおそれのある子ども、家庭環境その他の環境上の理由により生活指導等を要する子どもを入所させ、または保護者のもとから通わせて、個々の子どもの状況に応じて必要な指導を行い、その自立を支援するとともに、退所した人への相談や援助を行います。
	要保護児童施策	
児童家庭支援センター （法第44条の2）	第2種／利用	地域の子どもの福祉に関するさまざまな相談に応じ、必要な助言、指導を行うとともに、児童相談所、児童福祉施設等との連絡調整、援助を総合的に行います。
	要保護児童施策	
里親支援センター （法第44条の3）	第2種／利用	里親支援事業を行うほか、里親と里親に養育される子ども、里親になろうとする者への相談や援助を行います。
	要保護児童施策	

注 ：児童福祉施設について、2022（令和4）年の児童福祉法の改正により「児童発達支援センター」が地域における障害児支援の中核的役割を担うことの明確化と類型（福祉型・医療型）の一元化がなされたほか、「児童発達支援」の定義とともに、当センターと障害児入所施設の目的も改められました（p.145 表9－1も参照）。また「里親支援センター」が新規創設されました（2024［同6］年4月1日施行）。

子育て支援にかかる今日的動向

3分 Thinking

・現代社会における子育てをめぐる問題を具体的に考え、その要因についてもあげてみましょう。

---

1 少子化対策（子育て支援施策）

要約 「1.57ショック」をきっかけに、少子化は人口問題として社会問題化しました。以降、さまざまな対策を切れ目なく行っていますが、いまだ試行錯誤の状況にあります。

---

①わが国の少子化対策（子育て支援施策）の経緯

*16 **1.57ショック**
p.13を参照のこと。

わが国の少子化対策は、「1.57ショック」*16 により社会問題化されたことをきっかけにスタートしました。子育て支援の環境づくりに向けた施策の検討がここでようやく始められ、1994（平成6）年に今後10年間に取り組むべき子育て支援の方向性を示した「エンゼルプラン」が策定されました。しかし、少子化に歯止めをかけることはできず、2005（同17）年には合計特殊出生率は過去最低となる1.26を記録しました。

*17 **子ども・子育て関連3法**
「子ども・子育て支援法」「就学前の子どもに関する教育、保育等の総合的な提供の推進に関する法律の一部を改正する法律」「子ども・子育て支援法及び就学前の子どもに関する教育、保育等の総合的な提供の推進に関する法律の一部を改正する法律の施行に伴う関係法律の整備等に関する法律」の3法をいいます。

その後も少子化対策、子育て支援に関する制度・施策は切れ目なく実施され、2012（平成24）年には「子ども・子育て関連3法」*17 が成立し、それに基づく子ども・子育て支援新制度が、2015（同27）年度からスタートしています（図7-1［pp.114-115］）。

②子ども・子育て支援新制度

子ども・子育て支援新制度（以下「新制度」）は、「社会保障と税の一体改革」の一環として行われています。これまで基礎年金、老人医療、介護の高齢者3経費に限定されてきた消費税の使途について、「全世代型の社会保障への転換」を図り、「子ども・子育て支援」も対象に含まれました。

新制度の実施主体である市町村は、「市町村子ども・子育て支援事業計画」を策定し、質・量の両面から子育て支援を充実させることが求められています。また、地域で多様な子育て支援を実現するための「地域子ども・子育て支援事業」*18 の創設のほか、幼児期の学校教育と保育の充実を目指し、保育・教育に要する費用の給付を行うことや、「認定こども園」を普及させることなど、保育施策も大きく変わることになりました。さらに、2016（平

成28）年度には、国主体の「仕事・子育て両立支援事業」（企業主導型保育事業）が創設されています。

　このように、新制度の導入はわが国の子育て支援政策としての新たな一歩となりました。しかし、少子化問題の抜本的な対策には、子育てしやすい社会、子どもと子育てに優しい社会の実現が不可欠です。子育てのコストに対する社会的支援、女性のみならず男性をも含めた仕事と子育ての両立支援、そして現状では特に女性（母親）の子育てに関する心身の負担への理解とそれに根ざした支援など、いまだ十分であるとはいえません。この社会を維持し、発展させていくうえでも、より適切な制度設計はもとより、子育てという行為を、家庭による私的な行為に留めることなく、社会や国家による社会的行為でもあるという意識の共有が求められているといえます。

＊18　**地域子ども・子育て支援事業**
「利用者支援事業」「地域子育て支援拠点事業」「一児預かり事業」「乳児家庭全戸訪問事業」など、13事業が定められています。

2　今日的課題への対応

> **要約** ▶ 子どもと家庭、子育てをめぐっては、子ども虐待や貧困問題、そして家庭での養育が困難になった子どもを公的責任で社会的に養育する社会的養護のあり方など、今日的課題が山積しています。

①今日的課題の解決を目指して

　これまで学んできた子ども家庭福祉とは、子どもの生活を支える家庭やそれを取り巻く社会が、子どもにとってより良い環境であることを目指すものです。近年、社会全体の変化に伴い、子育ての環境もまた大きく変化してきました。その結果、子育て家庭は社会的支援体制なしには、十分に子どもの成長・発達を保障できなくなってきており、子ども家庭に対しての福祉の必要性が一層増しています。

　図7−1（pp.114-115を参照）で確認したように、「平成時代」にわたる少子化対策の取り組みの甲斐なく、2022（令和4）年の合計特殊出生率は1.26と過去最低率にならび、出生数も77万人と初めて80万人を割り込みました。そうしたなか、Section1.2で学んだように、こども基本法の成立、こども家庭庁の創設のほか、2022（同4）年の児童福祉法等の改正＊19により、これまで以上に顕在化している子育てに困難を抱える世帯に対する包括的な支援のための体制強化等を目指しています。

　こうした動きもふまえつつ、改めてみなさん一人ひとりが当事者意識を持って考え続けてほしい子どもと家庭、子育てをめぐる今日的課題をあげておきましょう。

＊19
改正の概要は「①子育て世帯に対する包括的な支援のための体制強化及び事業の拡充、②一時保護所及び児童相談所による児童への処遇や支援、困難を抱える妊産婦等への支援の質の向上、③社会的養育経験者・障害児入所施設の入所児童等に対する自立支援の強化、④児童の意見聴取等の仕組みの整備、⑤一時保護開始時の判断に関する司法審査の導入、⑥子ども家庭福祉の実務者の専門性の向上、⑦児童をわいせつ行為から守る環境整備」の7点です。

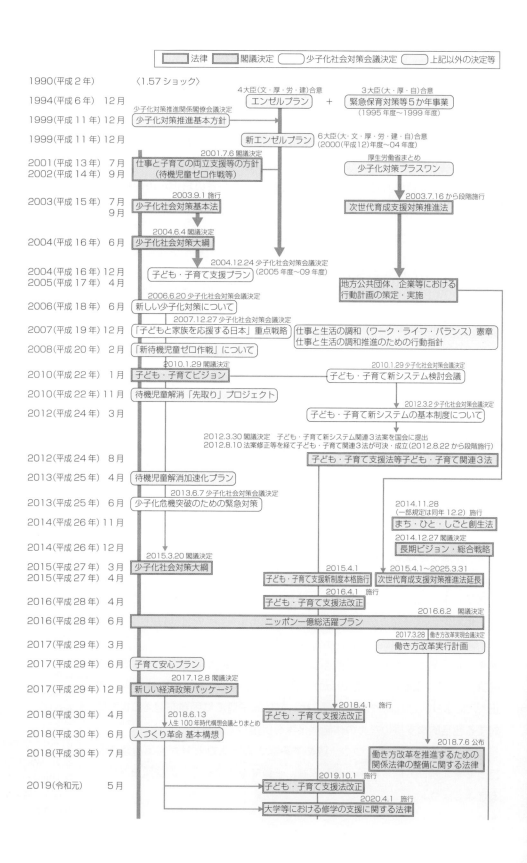

法律　閣議決定　少子化社会対策会議決定　上記以外の決定等

1990(平成2年)　〈1.57ショック〉

1994(平成6年)　12月　4大臣(文・厚・労・建)合意　エンゼルプラン　＋　3大臣(大・厚・自)合意　緊急保育対策等5か年事業（1995年度〜1999年度）

少子化対策推進関係閣僚会議決定
1999(平成11年)12月　少子化対策推進基本方針

1999(平成11年)12月　新エンゼルプラン　6大臣(大・文・厚・労・建・自)合意（2000(平成12)年度〜04年度）

2001.7.6閣議決定
2001(平成13年)　7月　仕事と子育ての両立支援等の方針（待機児童ゼロ作戦等）
2002(平成14年)　9月　厚生労働省まとめ　少子化対策プラスワン

2003.9.1施行
2003(平成15年)　7月　少子化社会対策基本法
　　　　　　　　　9月　次世代育成支援対策推進法　2003.7.16から段階施行

2004.6.4閣議決定
2004(平成16年)　6月　少子化社会対策大綱

2004.12.24少子化社会対策会議決定
2004(平成16年)12月　子ども・子育て支援プラン（2005年度〜09年度）
2005(平成17年)　4月　地方公共団体、企業等における行動計画の策定・実施

2006.6.20少子化社会対策会議決定
2006(平成18年)　6月　新しい少子化対策について

2007.12.27少子化社会対策会議決定
2007(平成19年)12月　「子どもと家族を応援する日本」重点戦略　仕事と生活の調和（ワーク・ライフ・バランス）憲章　仕事と生活の調和推進のための行動指針

2008(平成20年)　2月　「新待機児童ゼロ作戦」について

2010.1.29閣議決定　　　　　　　　　　2010.1.29少子化社会対策会議決定
2010(平成22年)　1月　子ども・子育てビジョン　子ども・子育て新システム検討会議

2010(平成22年)11月　待機児童解消「先取り」プロジェクト

2012.3.2少子化社会対策会議決定
2012(平成24年)　3月　子ども・子育て新システムの基本制度について

2012.3.30閣議決定　子ども・子育て新システム関連3法案を国会に提出
2012.8.10法案修正等を経て子ども・子育て関連3法が可決・成立（2012.8.22から段階施行）
2012(平成24年)　8月　子ども・子育て支援法等子ども・子育て関連3法

2013(平成25年)　4月　待機児童解消加速化プラン

2013.6.7少子化社会対策会議決定
2013(平成25年)　6月　少子化危機突破のための緊急対策

2014.11.28（一部規定は同年12.2）施行
2014(平成26年)11月　まち・ひと・しごと創生法

2014.12.27閣議決定
2014(平成26年)12月　長期ビジョン・総合戦略

2015.3.20閣議決定
2015(平成27年)　3月　少子化社会対策大綱
2015(平成27年)　4月　子ども・子育て支援新制度本格施行　2015.4.1　　2015.4.1〜2025.3.31　次世代育成支援対策推進法延長

2016.4.1施行
2016(平成28年)　4月　子ども・子育て支援法改正

2016.6.2　閣議決定
2016(平成28年)　6月　ニッポン一億総活躍プラン

2017.3.28　働き方改革実現会議決定
2017(平成29年)　3月　働き方改革実行計画

2017(平成29年)　6月　子育て安心プラン

2017.12.8閣議決定
2017(平成29年)12月　新しい経済政策パッケージ

2018.4.1　施行
2018(平成30年)　4月　子ども・子育て支援法改正

2018.6.13　人生100年時代構想会議とりまとめ
2018(平成30年)　6月　人づくり革命 基本構想

2018.7.6公布
2018(平成30年)　7月　働き方改革を推進するための関係法律の整備に関する法律

2019.10.1　施行
2019(令和元年)　5月　子ども・子育て支援法改正

2020.4.1　施行
大学等における修学の支援に関する法律

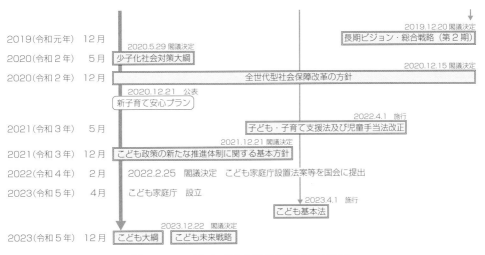

図7−1　これまでの少子化対策の取り組み

出典：内閣府『令和4年版少子化社会対策白書』日経印刷　pp.48-49 を一部改変

②子ども虐待問題

　こども家庭庁によると、2022（令和4）年度中に、全国232か所の児童相談所が子ども虐待件数として対応した件数は21万9,170件（速報値）と過去最多を記録しました。児童虐待防止法が成立して以来、虐待に対する社会的な関心が高まってきたこともあり、この数値は単純な虐待の実数とはいえません。しかしながら、例えば、2015（平成27）年に対応件数が10万件を超えて以降、わずか7年で約11万6,000件も増え、実質的に増加の一途をたどっていると推測すべきであり、極めて深刻な状況です。

　2022（令和4）年度の虐待相談の内容別件数の構成比は、①心理的虐待（59.1％）、②身体的虐待（23.6％）、③ネグレクト（16.2％）、④性的虐待（1.1％）となり、約6割を心理的虐待が占めています。ただし、最も少ないとされる性的虐待は、その性質上発見されにくいため、実数はもっと多いと推測されていますし、実際の虐待は複合的に行われることが多いため、このように単純に分類できるものではありません。

　なお、2013（平成25）年度に心理的虐待の割合が、身体的虐待の割合を逆転して以降、心理的虐待が一層増加傾向にあります。その要因としては、子どもが同居する家庭における配偶者に対する暴力がある事案（面前DV）について、警察からの通告が増大していることがあげられています。こうした現実は、虐待問題をより多面的に考えていかなければならないことを示唆しています。

＊20　子どもの貧困
相対的貧困（p.18を参照）にある18歳未満の子どもの存在および生活状況のことを指します。こういった子どもたちは、毎日の衣食住に事欠く「絶対的貧困」とは異なりますが、教育や体験の機会に乏しく、地域や社会から孤立し、さまざまな面で不利な状況に置かれてしまう傾向にあります。

＊21　新基準
p.18図１−３「注：6」を参照のこと。

＊22
この「子供の貧困対策に関する大綱」、少子化社会対策基本法に基づく「少子化社会対策大綱」（2020［令和2］年5月）、子ども・若者育成支援推進法に基づく「子供・若者育成支援推進大綱」（2021［同3］年4月）の3つの大綱は、2023（同5）年12月に、子ども施策に関する基本的な方針や重要事項等を一元的に定めた「こども大綱」として一つに束ねられました（p.58も参照）。

③子どもの貧困問題

　Chapter 1 でも学びましたが、子どもの貧困＊20 問題が 2000 年代に入って関心を集めることになりました。子どもの貧困には「子どもの貧困率」という視点が用いられますが、2012（平成 24）年には過去最悪の 16.3％まで上昇し、6 人に 1 人の子どもが貧困状態であるという数字が社会的に大きな衝撃を与えました。厚生労働省によると、2021（令和 3）年には 11.5％（新基準）＊21 と 3 年前（14.0％）に比べて 2.5 ポイント改善しました。ただし、ひとり親世帯の貧困率は 44.5％と依然として高い水準にあり、明らかにこの観点からの支援が必要です。

　なお、2013（平成 25）年には、子どもの貧困対策を総合的に推進することを目的に「子どもの貧困対策の推進に関する法律」が制定され（2014［同 26］年 4 月施行）、2019（令和元）年 11 月には「子供の貧困対策に関する大綱」が閣議決定されています＊22。

④社会的養護の方向性

　保護者の入院や死亡、そして近年急増している保護者による虐待など、何らかの理由で家庭での養育が困難になった子どもを公的責任で社会的に養育し、その家庭を支援することを社会的養護といいます。わが国における社会的養護は、児童福祉施設等において生活する「施設養護」と、里親等の家庭において生活する「家庭養護」の 2 つに分けることができますが、現状では社会的養護を利用する子どもは全国で約 4 万 2,000 人いるとされるなか、その約 8 割が「施設養護」です（こども家庭庁「社会的養育の推進に向けて（令和 5 年 4 月）」）。

　国は、社会的養護が必要な子どもについて、可能な限り家庭的な環境において安定した人間関係のもとで育てることができるよう、里親家庭での養育や施設の小規模化・地域分散化を推進しています。2015 ～ 2029（平成 27 ～令和 11）年度までの 15 年間に、児童養護種施設等本体施設入所児童・グループホーム入所児童・里親等への委託児童の割合をそれぞれおおむね 3 分の 1 ずつにしていくと定めました。その後、2017（平成 29）年には「新しい社会的養育ビジョン」が明らかにされ、里親委託率の大幅な引き上げや、就学前の子どもの施設入所の原則停止などが示されました。2022（令和 4）年の児童福祉法改正でも、児童相談所による支援の強化として、民間との協働による親子再統合事業の実施や、里親支援センターの児童福祉施設としての位置付け、自立支援の強化などが組み込まれています。継続的で安定した養育を行うことができるように、養育者に対するサポート体制の充実や、労働（養育）環境の課題への対応などを含め、子どもの最善の利益を第一に考

えた、より質の高い社会的養護の実現が求められます。

【引用文献】

１）網野武博『児童福祉学─＜子ども主体＞への学際的アプローチ─』中央法規出
　　版　2002 年　p.80

【参考文献・参考ホームページ】

●一般社団法人全国保育士養成協議会監修、宮島清・山懸文治編『ひと目でわかる
　保育者のための子ども家庭福祉データブック　2023』中央法規出版　2022 年
●公益財団法人児童育成協会監修、新保幸男・小林理編『子ども家庭福祉』中央法
　規出版　2019 年
●櫻井奈津子編『保育と子ども家庭福祉　第 2 版』みらい　2024 年
●三浦主博監修『（補足資料）こども家庭庁とこども基本法の概要と解説』みらい
　2023 年
●厚生労働省ホームページ「児童福祉法等の一部を改正する法律（令和 4 年法律
　第 66 号）の概要」（令和 4 年 6 月 30 日）
　https://www.mhlw.go.jp/content/11920000/000957236.pdf（2023 年 8 月 10 日閲
　覧）
●厚生労働省ホームページ「民法等改正に伴う児童福祉法等の改正について」（令
　和 5 年 3 月 14 日）
　https://www.mhlw.go.jp/content/11907000/001071895.pdf（2023 年 8 月 10 日閲
　覧）
●こども家庭庁ホームページ「社会的養育の推進に向けて」（令和 5 年 4 月 5 日）
　https://www.cfa.go.jp/assets/contents/node/basic_page/field_ref_resources
　/8aba23f3-abb8-4f95-8202-f0fd487fbe16/e979bd1e/20230401_policies_shakaiteki-
　yougo_67.pdf（2023 年 8 月 10 日閲覧）

●学びを振り返るアウトプットノート

年　月　日(　)　第(　)限　　学籍番号＿＿＿＿＿＿＿　　氏名＿＿＿＿＿＿＿＿＿＿＿＿＿

❖ この Chapter で学んだこと、そのなかで感じたこと（テーマを変更しても OK）

❖ 理解できなかったこと、疑問点（テーマを変更しても OK）

❖ＴＲＹしてみよう❖

① 日本の子ども家庭福祉の理念は、1947（昭和22）年制定の（　　　　　　　　）、1951（同26）年制定の（　　　　　　）、1994（平成6）年批准の（　　　　　　　　）、2022（令和4）年制定の（　　　　　　）に示されている。

② 子ども虐待は、子どもの（　　　　）を著しく侵害し、その心身の成長および人格の形成に重大な影響を与える行為である。

③ 子ども・子育て支援新制度においては、（　　　　　　　　）の普及が図られている。

○ コラム⑦ 「ワンダー 君は太陽」が教えてくれること ○

　映画「**ワンダー 君は太陽**」は、全世界で 800 万部突破のベストセラーになった小説『**ワンダー**』（R・J・パラシオ著、中井はるの訳、ほるぷ出版、2015 年）をもとにした作品で 2017 年に公開されました。ワンダーとは「奇跡」という意味です。主人公のオギーはトリーチャーコリンズ症候群と呼ばれる、頬骨やあごの骨などがうまく形成されず障害が現れる先天性の難病を患っており、手術を 27 回も行いました。日本でも 5 万人に 1 人の確率で生まれてくるといわれ、顔に障害があるということは一目でわかります。その見た目から、自分自身を普通の子どもではないと思っているオギーは、外出するときは人目を気にして、宇宙飛行士がつけるようなフルフェイスのヘルメットをかぶっています。そして、10 歳までは学校には行かず、自宅で母親が先生代わりとなって勉強をしてきました。

　ところが 5 年生からは学校に行くことになりました。顔のことをほかの子どもたちはどう見るのだろうとオギーも家族も不安でした。学校の先生など大人たちは配慮してくれますが、やはり子どもたちはそうはいかず、オギーにとってつらい日々が続きます。この場面は、障害のある子どもとその家族の複雑な気持ちがよく表現されています。

　そんななか、ストーリーはオギーの姉のヴィアに移ります。ヴィアは障害のある弟が生まれて以来、本当はもっと甘えたいのに、もっとやりたいこともあるのに、オギーの入院や手術に付き添う両親を心配させまいと、我慢ばかりしていました。これは障害のある子どものきょうだいに共通する悩みです。そして実は母親もオギーのためにと大学院の論文執筆をあきらめていました。

　数か月がたち、次第にオギーのクラスが変わり始めます。当初はオギーをばい菌扱いしていましたが、頭が良くて面白くて、優しいオギーの魅力に気付き始めます。また、家族もクラスの仲間もそれぞれがその境遇のなかでつらさや寂しさを抱えていることが丁寧に描かれていますが、オギーと関わるなかで、それぞれが心のなかでモヤモヤと抱えていたものに気付いて一歩を踏み出していきます。姉ヴィアは演劇部で主役を射止め、初めて家族の注目を集めます。母親はあきらめていた大学院の論文を書き始め、仕上げます。オギーを助けていたつもりが、オギーに助けてもらっていたのです。オギーがみんなの背中を押していたのです。だから、ワンダー（奇跡）で太陽の子なのです。

　初めて飛び出した「学校という社会」の厳しさにつぶされそうになりながらも、家族からの深い愛を糧に強く明るく前へ進むオギーの姿を誰もが応援せずにはいられない作品です。

高齢者福祉の法と制度

Chapter 8

●イメージをつかむインプットノート

Section 1 「高齢者を取り巻く状況」のアウトライン

現在のわが国は、少子高齢化が進行する社会となっています。高齢化の状況や高齢者を取り巻く状況について理解します（p.122）。

Keyword

☑ 高齢化　☑ 認知症高齢者　☑ 高齢者虐待

わが国では少子高齢化が進行しています。

Section 2 「高齢者を支える法制度」のアウトライン

高齢者の尊厳や生活を保障する主な法律を学びます。また、高齢者の介護を社会全体で支え合う仕組みである介護保険制度についても学びます（p.123）。

Keyword

☑ 老人福祉法　　　☑ 高齢社会対策基本法

☑ 高齢者虐待防止法　☑ 介護保険法　　　☑ 介護保険制度

介護保険制度では、さまざまな介護サービスを提供しています。

Section **3** 「地域包括ケアシステム」のアウトライン

　増加する高齢者が、いつまでも住み慣れた地域のなかで自分らしく暮らし続けられるようにする地域包括ケアシステムについて学びます（p.128）。

Keyword

☐ 地域包括ケアシステム

どのようなサポート体制があれば、
住み慣れた地域で年齢を重ねていけるのだろう

Section 1 高齢者を取り巻く状況

3分 Thinking

・わが国の高齢化がどのように起こったのか、高齢化によってどのような社会問題が起こっているのか、考えてみましょう。

---

1 少子高齢社会

要約 現在、わが国は少子高齢化が進行しています。2065（令和47）年には2.6人に1人が65歳以上になるとされています。

Chapter 1で学んだように、現在、わが国は少子高齢社会となっています。つまり、少子化と高齢化が同時に進行している社会といえます。

わが国は、1970（昭和45）年に高齢化社会、1994（平成6）年に高齢社会となり、この24年間で急速に高齢化が進みました。2022（令和4）年10月1日現在の65歳以上の高齢者は約3,624万人、高齢化率は29.0%とまさしく超高齢社会[*1]となっています。なお、わが国の高齢化は今後も進行することが予想されており、2065（令和47）年には38.4%に達し、約2.6人に1人が65歳以上になるとされています（p.14図1-2を参照）。

*1
「高齢化社会」、「高齢社会」、「超高齢社会」とも p.12を参照のこと。

---

2 高齢者を取り巻く問題

要約 少子高齢化の進行とともに、認知症高齢者の増加や高齢者虐待に関する問題がクローズアップされています。

①認知症高齢者の増加

高齢化や高齢者人口の増加に伴い、認知症高齢者の増加が予想されます。

65歳以上の認知症高齢者数と有病率の将来推計について、厚生労働省「日本における認知症の高齢者人口の将来推計に関する研究」（平成27年3月）によると、2020（令和2）年は認知症高齢者数が約602万人、2025（同7）年には約675万人（有病率18.5%）と約5.4人に1人になると推計されています。

②高齢者虐待

高齢者人口および要介護高齢者の増加により、社会問題となっているのが高齢者虐待です。

厚生労働省「令和４年度『高齢者虐待の防止、高齢者の養護者に対する支援等に関する法律』に基づく対応状況等に関する調査結果」によると、全国1,741市町村（特別区を含む）および47都道府県において虐待の相談や通報があったなかで、高齢者虐待と認められた件数は、養護者によるものが１万6,669件（前年度比243件増、1.5％増）、養介護施設従事者等によるものが856件（前年度比117件増、15.8％増）となっています。

また市町村への相談・通報件数は、養護者によるものが３万8,291件（前年度比1,913件増、5.3％増）、養介護施設従事者等によるものが2,795件（前年度比405件増、16.9％増）となっています。

高齢者を支える法制度

分　Thinking

- 高齢化が進むなか、高齢者を支えるためにどのような法制度があると良いか考えてみましょう。

1　高齢者福祉の法律

要約 ▶ 老人の福祉を図ることを目的とした老人福祉法をはじめ、高齢化への対策を推進する高齢社会対策基本法、高齢者虐待の防止に関わる高齢者虐待防止法などがあります。

---

①老人福祉法

1963（昭和38）年に制定された老人福祉法は、老人の福祉に関する原理を明らかにするとともに、老人の心身の健康の保持や生活の安定のための措置を講じ、老人の福祉を図ることを目的としています。同法では、「福祉の措置」としての市町村の責務、「老人居宅生活支援事業」および「老人福祉施設」についての規定のほか、都道府県および市町村に対する「老人福祉計画」策定の義務付け、「有料老人ホーム」などについて定められています。

②高齢社会対策基本法

1995（平成７）年に制定された高齢社会対策基本法は、高齢社会対策の

基本理念を明確にし、社会全体で高齢社会対策を総合的に推進するための法律です。同法では、①国民が生涯にわたって就業、そのほかの多様な社会的活動に参加する機会が確保される公正で活力ある社会、②国民が生涯にわたって社会を構成する重要な一員として尊重され、地域社会が自立と連帯の精神に立脚して形成される社会、③国民が生涯にわたって健やかで充実した生活を営むことができる豊かな社会が構築されることを、高齢社会対策の基本理念としています。

③高齢者虐待防止法

高齢者虐待に関しては、虐待を受けている高齢者が自らの力で虐待を告発することや、その場から逃げることができないケースがほとんどであり、虐待対応に関しても明確なシステムがありませんでした。そのため、2005（平成17）年に「高齢者虐待の防止、高齢者の養護者に対する支援等に関する法律（高齢者虐待防止法）」が制定されました。高齢者虐待防止法では、高齢者虐待の定義*4、高齢者虐待の防止等に関する国等の責務等について定められています。

④介護保険法

介護保険法は次項で学ぶ介護保険制度の保険給付等に関して必要な事項を定めた法律で、1997（平成9）年に制定されました（施行は2000[同12]年4月）。

2　介護保険制度

> **要約** ▶ 高齢者介護を社会全体で支えていこうとする相互扶助の考え方をもとに、介護保険制度が始まりました。

①介護保険制度の創設

介護保険制度が創設された背景として、大きく分けると、①少子高齢化による家族介護力の低下、②措置制度*5のもとでの高齢者福祉サービスの弊害があげられます。

〇少子高齢化による家族介護力の低下

わが国では、これまで高齢者の介護を家族（特に女性［妻・嫁・娘など］）が担ってきました。しかし、核家族化による高齢者の独居世帯や夫婦世帯の増加、女性の就業率の高まり、老親扶養に関する意識の変化により、家族を中心とした介護では、今後増え続けるであろう要介護高齢者の介護を支えきれない状況となりました。

○措置制度のもとでの高齢者福祉サービスの弊害

　わが国の高齢者介護は、老人福祉法により長い間措置制度のもとでサービス提供が行われてきました。措置制度は、行政庁の判断によりサービス提供の有無や方法を決めるものですが、サービスを利用する者にとっては、サービスの頻度や内容を自由に選べないという問題がありました。また、医療面でも、高齢者が長期間入院する「社会的入院」[*6]が老人医療費の増加をもたらしていました。

　以上のような状況から、これからの高齢者介護は家族のみに頼るのではなく、社会全体で支えていこうとする相互扶助の考えから、いわゆる「介護の社会化」[*7]を行い、サービスを利用する者が介護に関する保険料を負担する「社会保険方式」を導入することで、必要なときに必要な介護サービスが利用できる新たな介護システムとして、介護保険制度の創設に至りました。

②介護保険制度の概要

○保険者と被保険者

　介護保険制度の保険者（運営主体）は市町村および特別区で、被保険者（保険料を支払う者）は、65歳以上の第1号被保険者、40歳以上65歳未満の医療保険加入者である第2号被保険者となっています（表8－1）。

　第1号被保険者は、原因を問わず市町村で行われる介護認定で要支援・要介護と認定された場合に保険給付が受けられます。第2号被保険者は、老化に起因する初老期における認知症や脳血管疾患など16種類の特定疾病が原因で要支援・要介護となったと認定された場合に保険給付が受けられます。

○保険給付（サービス利用）の流れ

　被保険者が保険給付を受ける場合には、住所を有する市区町村において介護認定を受けなければなりません（図8－1［p.52 図3－4も参照］）。

　まず被保険者は、市区町村に介護を受けるための申請を行います。申請を受理した市区町村は、申請を行った被保険者がどの程度の要支援状態または

＊6　社会的入院

本来、治療のために入院するものですが、その必要性がないにも関わらず、患者やその家族の生活上・環境上の理由により入院を継続することをいいます。この状態が長期化すると、医療費の増大につながります。また病院は、高齢者が長期間自宅代わりに生活する場としては環境上不適切であり、また不必要な入院によって緊急性のある入院の受け入れが困難となるなどの問題があげられます。

＊7　介護の社会化

介護負担を家族で抱え込むのではなく、広く社会共通の課題として認識し、専門的なサービスをみなで負担（税や保険料として）することで、高齢者介護を社会全体で担っていくという考え方です。

表8－1　介護保険制度における被保険者

	第1号被保険者	第2号被保険者
対象者	65歳以上の者	40歳以上65歳未満の医療保険加入者
受給権者	・要介護者（寝たきりや認知症で介護が必要な者） ・要支援者（要介護状態となるおそれがあり、日常生活に支援が必要な者）	左のうち、初老期における認知症、脳血管疾患などの老化に起因する疾病（特定疾病）によるもの
賦課・徴収方法	市町村が徴収（原則、年金から天引き）	医療保険者が医療保険の保険料と一括徴収

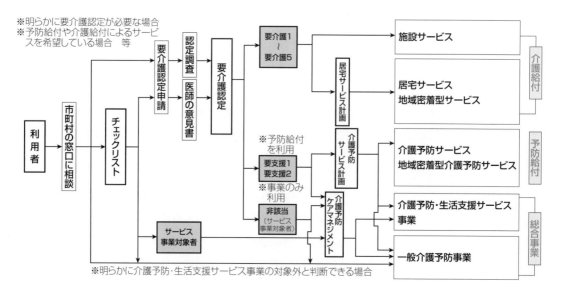

※明らかに要介護認定が必要な場合
※予防給付や介護給付によるサービスを希望している場合　等

利用者 → 市町村の窓口に相談 → チェックリスト → 要介護認定申請 → 認定調査／医師の意見書 → 要介護認定

要介護1〜要介護5 → 居宅サービス計画 → 施設サービス／居宅サービス・地域密着型サービス（介護給付）

※予防給付を利用　要支援1・要支援2 → 介護予防サービス計画 → 介護予防サービス・地域密着型介護予防サービス（予防給付）

※事業のみ利用　非該当（サービス事業対象者）→ 介護予防ケアマネジメント → 介護予防・生活支援サービス事業／一般介護予防事業（総合事業）

サービス事業対象者

※明らかに介護予防・生活支援サービス事業の対象外と判断できる場合

図8－1　介護サービスの利用手続き

出典：厚生労働省「公的介護保険制度の現状と今後の役割（平成30年度）」p.17を一部改変

要介護状態であるかを判断するため、訪問調査を行います。訪問調査は主に心身の状況を被保険者本人や家族への聞き取り、日常生活動作（ADL）の確認により行われます。またその際、被保険者本人の生活上の問題や介護上の問題などがあれば、特記事項として記録されます。そして、訪問調査をもとにコンピューター処理による一次判定が行われた後に、特記事項と主治医意見書を合わせて二次判定が行われます。二次判定は、医療・保健・福祉の専門家や関係者などの合議による介護認定審査会で行われます。介護認定審査会で認定された結果は、申請を行った被保険者に郵送で通知されます。通知された認定結果に不服がある場合には、都道府県に設置されている介護保険審査会に審査請求を行うことができることになっています。

通知される要介護区分は、「要支援1または2」、「要介護1から5（最重度）」の7段階で認定されます。「要支援1または2」と認定された要支援者は、状態が悪化しないように予防目的で予防給付によるサービスが受けられ、「要介護1から5」と認定された要介護者は、状態の軽減・維持を目的に介護給付によるサービスが受けられます。

○保険給付の内容

要支援者対象の予防給付には、介護予防サービス、介護予防支援、地域密着型介護予防サービスがあり、要介護者対象の介護給付には、居宅サービスと施設サービス、居宅介護支援、地域密着型サービスがあります（図8－2）。

保険給付にあたっては、介護保険サービスの内容、利用頻度などを計画す

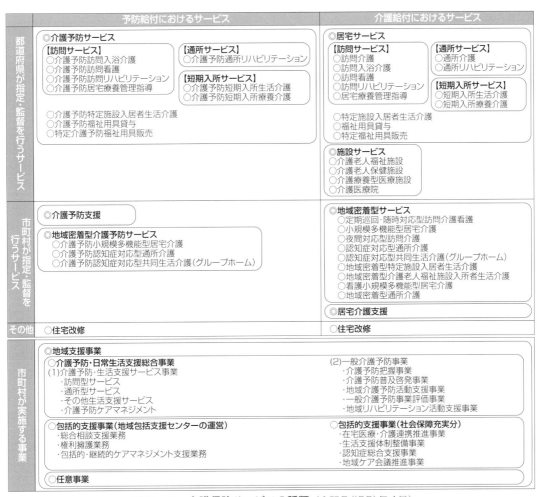

図8－2　介護保険サービスの種類（令和5（'23）年4月）

出典：厚生労働統計協会『国民の福祉と介護の動向 2023/2024』奥村印刷　2023年　p.189

るケアプラン（居宅サービス計画、介護予防サービス計画、介護予防ケアマネジメント）の作成が必要となります。ケアプランは、主に介護支援専門員（ケアマネジャー）が立案・作成するため、要支援者は、介護予防支援事業者の指定を受けている「地域包括支援センター」*8 に、要介護者は「居宅介護支援事業者」に計画作成の依頼をすることとなります *9。

○地域支援事業

　地域支援事業とは、要支援・要介護状態になる前からの介護予防を推進するとともに、要介護状態になった場合でも、住み慣れた地域でいつまでも暮らし続けることができるよう支援することを目的に市町村が行うもので「介護予防・日常生活支援総合事業」「包括的支援事業」「任意事業」があります。

*8　**地域包括支援センター**
p.62 を参照のこと。

*9
要支援者（要介護者）自身がケアプランを作成することも可能です。

「介護予防・日常生活支援総合事業」は、2015（平成27）年の介護保険法改正により開始されたサービスです。この事業には「介護予防・生活支援サービス事業」と「一般介護予防事業」があり、前者は、要支援者に対する訪問介護と通所介護、介護予防や生活支援を必要とする者に対する訪問型と通所型のサービス、介護予防ケアマネジメントを行うものです。後者は、第1号被保険者とその支援のための活動に関わる者を対象に、介護予防の把握や普及啓発に関する事業、地域介護予防活動支援事業、地域リハビリテーション活動支援事業を行うものです。

　「包括的支援事業」は、主に地域包括支援センターが市町村からの委託を受けて、地域の高齢者の実態把握や介護以外の生活支援サービスとの調整を行う総合相談支援業務、高齢者虐待の防止や認知症高齢者などへの権利擁護のために必要な支援等を行う権利擁護業務などがあります。

　「任意事業」は、上記の事業以外に、市町村が任意に行える事業で、介護給付等費用適正化事業、家族介護支援事業のほか、成年後見制度利用支援事業、認知症サポーター等養成事業などがあります。

〇利用者負担

　介護保険における利用者負担は原則1割負担ですが、第1号被保険者のうち、一定以上の所得のある場合は2割、特に所得の高い場合は3割負担となります。

Section 3　地域包括ケアシステム

3分 Thinking

・高齢者が要支援や要介護の状態となっても、いつまでも住み慣れた地域で暮らし続けるためには、どのような環境やサービスが整っていると良いか考えてみましょう。

1　地域包括ケアシステムとは

　要約　地域包括ケアシステムとは、重度な要介護状態となっても高齢者が住み慣れた地域で自分らしい暮らしを続けることができるよう、「医療」「介護」「予防」「住まい」「生活支援」を一体的・継続的に提供するシステムです。

　これまで見てきた通り、わが国では高齢者介護問題への対策が急務となり、介護保険制度のもとでの介護の社会化が行われています。しかし、高齢者にとって長年住み慣れた地域や住居から生活の拠点を移すことは、計り知れないストレスになる場合が多いものです。可能な限り住み慣れた地域や住居でいつまでも生活できるように、高齢者の家族や地域の医療機関、介護保険事業者などが連携してサポートしていく体制が整えば、高齢者の心身の健康に良い影響をもたらすこととなります。

　そこで、国は団塊の世代*10 が75歳以上となる2025（令和7）年を目途に、重度な介護状態となっても住み慣れた地域で自分らしい暮らしを人生の最後まで続けることができるよう、高齢者の日常生活圏域（30分程度でかけつけられる圏域。中学校区を想定）において、「医療」「介護」「予防」「住まい」「生活支援」

> **＊10　団塊の世代**
> 第二次世界大戦直後の1947～1949（昭和22～24）年に生まれた世代を指し、第一次ベビーブーム世代とも呼ばれます。堺屋太一の小説『団塊の世代』に由来しています。

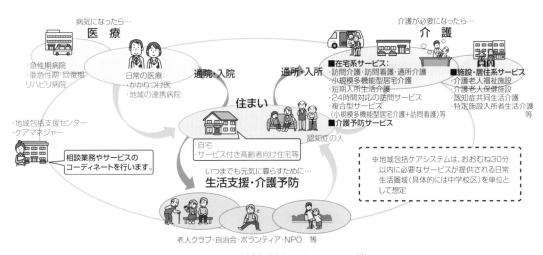

図8−3　地域包括ケアシステムの姿

出典：厚生労働省ホームページ「地域包括ケアシステム」を一部改変
https://www.mhlw.go.jp/stf/seisakunitsuite/bunya/hukushi_kaigo/kaigo_koureisha/chiiki-houkatsu/

表8−2　地域包括ケアシステムの特徴

医療と介護の連携強化	高齢者の在宅生活を支援するため、医療サービスと介護サービスの連携を図ります。24時間対応の巡回・随時対応型サービス（定期巡回・随時対応型訪問介護看護）や複合型サービス（看護小規模多機能型居宅介護）を創設し、包括的かつ継続的な在宅医療・介護を提供します（これらは介護保険法に規定される「地域密着型サービス」になります）。
高齢者の住まいの整備	高齢者が住み慣れた地域・住まいで過ごしたいと思う一方で、住環境の問題や地域住民との関係から難しい場合もあるため、サービス付き高齢者向け住宅や小規模多機能型居宅介護を増やします。要支援や要介護の状態でも、地域のなかで安心・安全に生活が送れる住まいの整備を進めます。
予防の推進	高齢者の増加に伴い、今後は一人暮らし高齢者や認知症高齢者の増加が予想されることから、医療や介護サービスの充実に加え、できる限り要介護状態にならないようにするための予防プログラムや自立支援型の介護サービスを提供します。

が一体的・継続的に提供される「地域包括ケアシステム」の構築を目指しています（図8-3）。その特徴は表8-2の通りです。

2 地域包括ケアシステム構築のプロセス

要約 ①地域の課題の把握と社会資源の発掘、②地域の関係者による対応策の検討、③対応策の決定・実行の3つのプロセスのサイクルにより地域包括ケアシステムは構築されます。

高齢化の進展状況は、人口が横ばいで75歳以上人口が急増する大都市部、75歳以上人口の増加は緩やかであっても人口は減少する町村部等、大きな地域差が生じています。

そのため、地域包括ケアシステムは、自治体（市区町村）が3年ごとに作成する「介護保険事業計画」に基づき、地域の特性に応じて計画的に進めていくものであり、国は「①地域の課題の把握と社会資源の発掘」「②地域の関係者による対応策の検討」「③対応策の決定・実行」の3つのプロセスと、これらを定期的に点検し改善していくサイクルを示しています（図8-4）。

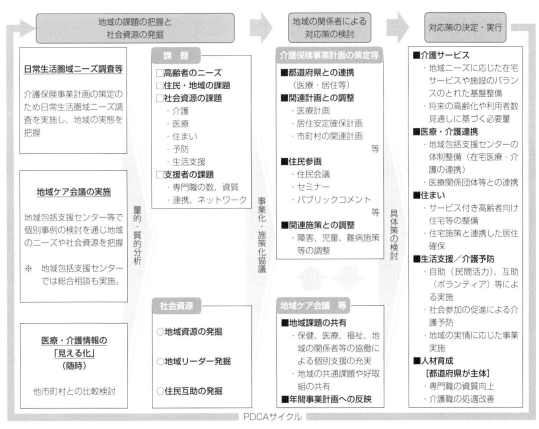

図8－4　市町村における地域包括ケアシステム構築のプロセス（概念図）

出典：図8－3と同じ

【参考文献】

● 日本ソーシャルワーク教育学校連盟編『高齢者福祉』中央法規出版　2021年
● 松本峰雄・小野澤昇編『改訂　はじめて学ぶ社会福祉　第2版』建帛社　2022年
● 橋本好市・宮田徹編『保育と社会福祉　第4版』みらい　2024年

●学びを振り返るアウトプットノート

　年　月　日(　)　第(　)限　　学籍番号＿＿＿＿＿＿＿　　氏名＿＿＿＿＿＿＿＿＿

❖このChapterで学んだこと、そのなかで感じたこと（テーマを変更してもOK）

❖理解できなかったこと、疑問点（テーマを変更してもOK）

✤ＴＲＹしてみよう✤

① わが国は、総人口に占める子どもの人口が減少する少子化と、高齢者の人口が増加する
高齢化が同時に進行する（　　　　　　）社会となっている。

② 1963（昭和38）年に制定された（　　　　　　）は、老人の福祉に関する原理を明
らかにするとともに、老人の心身の健康の保持や生活の安定のための措置を講じ、老人
の福祉を図ることを目的としている。

③ 高齢者がいつまでも住み慣れた地域で自分らしく人生の最後まで暮らし続けることがで
きるように、わが国では2025（令和7）年を目途に（　　　　　　　　　）の
構築を目指している。

コラム⑧ 介護漫画の金字塔『ヘルプマン!』

　急速に高齢化が進行しているわが国では、国民の3〜4人に1人が高齢者という時代となり、その割合は上昇していく見込みです。自分や園児の祖父母、隣近所の方など、実はみなさんにとっても身近なテーマになるはずの「老い」や「介護」ですが、当事者になって初めてその現実を知る場合が多いのではないでしょうか。ここでは、そんな介護業界を取り巻く現実をさまざまな角度からリアルに描いた漫画『ヘルプマン!』（くさか里樹著、全27巻）を紹介したいと思います。

　『ヘルプマン!』は、介護漫画の金字塔といわれ、2003〜2014（平成15〜26）年までの11年間、講談社の『イブニング』で連載された長編漫画です。主人公の恩田百太郎と幼馴染の神崎仁が介護業界に飛び込み、高齢者を取り巻くさまざまな現実とぶつかりながらも、人が人として尊厳を持ちながら生きていくことができるような介護のあり方を模索していく姿を描いています。

　この漫画の最大の魅力は、主人公の百太郎が多様な背景を持つ高齢者と関わり、介護の楽しさややりがいを感じていく姿を通して、介護の本質について考えることができる点です。また、高齢者が直面する老いや病気がどのように本人や家族に忍び寄り、彼らの生活にどのような影響を与えていくのかが、いくつもの切り口で描かれている点も魅力です。

　例えば「在宅介護」をテーマにした第2巻では、義理の父を在宅で介護する介護者（息子の嫁）が過労で倒れ、入院したことから始まる家族の混乱や感情のもつれ、介護という現実を目の前にしてそれぞれの想いが交錯していく様子をリアルに描いています。介護者が入院するまでの描写からは、嫁の役目であるという強い使命感から孤立無援で奮闘する介護者の孤独感・不安感・絶望感などが手に取るように伝わってきます。また、実際に介護保険を申請し、利用する場合の家族間のやり取りやそのプロセス、訪問介護員による介護方法の違い、介護員の適切な援助により本人や家族が変化していく様子も丁寧に描かれています。

　このように『ヘルプマン!』を読み進めることで、現実に起こり得る多くの具体的な事例とそこで渦巻くさまざまな感情や実際の問題にふれることができます。また、作者の丁寧な現場への取材に基づき描かれた本作は、介護現場を支える介護職やケアマネジャーの仕事の実際、介護の法律や制度の概要なども知ることができます。ぜひ、百太郎と一緒に「理想の介護とは」ということについて考えてみませんか？

1 小さな星編　2 新人衛生管理　3 絶命身辺メンテナンス？？

133

障害者福祉の法と制度

Chapter 9

●イメージをつかむインプットノート

Section 1 「障害者福祉の理念等」のアウトライン

障害者の基本的人権の尊重が社会的課題となり、周知されていったのは第二次世界大戦後でした。この Section では、障害者福祉の基本的理念等について理解を深めていきます（p.135）。

Keyword

- ☑ 障害
- ☑ 国際生活機能分類（ICF）
- ☑ ノーマライゼーション
- ☑ 障害者の自立生活運動
- ☑ リハビリテーション
- ☑ ソーシャルインクルージョン
- ☑ 障害者権利条約
- ☑ 合理的配慮

Section 2 「障害者を支える法制度」のアウトライン

日本における「障害者」の法的定義や障害福祉サービスの体系について理解します（p.140）。

Keyword

- ☑ 障害者基本法
- ☑ 身体障害者福祉法
- ☑ 知的障害者福祉法
- ☑ 精神保健及び精神障害者福祉に関する法律（精神保健福祉法）
- ☑ 障害者の日常生活及び社会生活を総合的に支援するための法律（障害者総合支援法）

障害児入所施設では、障害のある子どもに対して日常生活の指導等が行われています。

Section 1 障害者福祉の理念等

3分 Thinking

• あなたにとっての「自立」や「平等」とはどのようなことですか。さまざまな場面を想定しながら考えてみましょう。

1　障害の定義

要約 ▶ 障害の定義としては、世界保健機関（WHO）が1980年に発表した「国際障害分類（ICIDH）」と、これの改訂版として2001年に発表した「国際生活機能分類（ICF）」があります。ICFは、生活機能に着目し、プラス面を重視する統合モデルであるとされています。

①障害とは

　『広辞苑』で「障害」の意味を調べてみると、「さわり、さまたげ、じゃま」「身体器官に何らかのさわりがあって機能を果たさないこと」などと記されており、「障害を乗り越える」「言語障害」などの例があげられています。しかし、障害者基本法では、第2条において「障害」を「身体障害、知的障害、精神障害（発達障害を含む）その他の心身の機能の障害」の総称とし、「障害及び社会的障壁により継続的に日常生活又は社会生活に相当な制限を受ける状態にあるもの」を「障害者」としています。

②世界保健機関（WHO）の定義

○国際障害分類（ICIDH）

　世界保健機関（WHO）において国際的な障害に関する分類法についての検討がなされ、1980年に国際疾病分類（ICD）の補助分類（「病気の諸帰結」を整理したもの）として「国際障害分類（ICIDH：International Classification of Impairments, Disabilities and Handicaps）」が発表されました（図9-1）。

　このICIDHモデルは、「機能・形態障害」「能力障害」「社会的不利」を合わせたものの全体が「障害」であるとし、障害をレベル分けしたことは大きな功績[1]でしたが、医学モデル*1への批判や環境の重視、障害のある人のプラス面を見ることの重要性などから改訂作業が行われ、2001年に「国際生活機能分類（ICF：International Classification of Functioning, Disability and Health）」が発表、WHO総会で採択されました（図9-1）。

> ＊1
> 障害を捉える見方には、「医学モデル」や「社会モデル」などがあります（p.139参照のこと）。

●国際障害分類（ICIDH）

●国際生活機能分類（ICF）

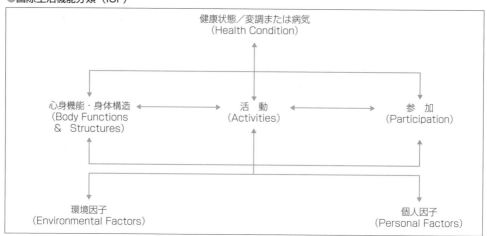

図9－1　国際障害分類（ICIDH）と国際生活機能分類（ICF）

○国際生活機能分類（ICF）

　ICFモデルでは、「人が生きること」の全体像を示す生活機能を３つのレベル（「心身機能・身体構造」「活動」「参加」）で示しており、生活機能というプラス面に注目します。一方で、「心身機能・身体構造」に生じた問題を「機能障害（構造障害を含む）」とし、「活動」は「活動制限」、「参加」は「参加制約」として、生活機能のプラスの中にマイナスがあるという捉え方をします。

　また、矢印が双方向（相互作用）になり、それぞれの要素が影響し合い、良循環にも悪循環にもなり得ること、「環境因子」と「個人因子」からなる「背景因子」を導入したことも大きな特徴です。

　これらのことから、ICFは生活機能の３つのレベル全体を捉え、相互作用を重視し、プラス面を重視する統合モデルであるとされています。障害のある人や子どもへの支援に携わる人々には、彼らの「できること」「得意なこと」に着目して伸ばすことが、彼らが自分らしく生き生きとした生活を送ることにつながるという視点で、ICFを活用することが望まれます。

2　障害者福祉の理念

　要約　▶障害者福祉を支える理念には、「ノーマライゼーション」「自立生活運動」「リハビリテーション」「ソーシャルインクルージョン」などがあります。

①ノーマライゼーション

　ノーマライゼーションは、バンク－ミケルセンによって起草されたデンマーク「1959 年法」がその源流とされ、一般的には「その『能力』の程度や障害の種別に関わらず、すべての障害者が平等に一人ひとり独自の人格を持つ生活主体者として尊重され、人間としての尊厳を維持しうるだけの生活を保障されること」を目標に掲げた理念とされます [*2]。そして、ノーマライゼーションを 8 つの原理 [*3] として定義したのがベンクト・ニィリエであり、この考え方が、次項で学ぶ障害者権利条約にもつながっていきます。

　ノーマライゼーションの理念は、知的障害児・者を巨大施設に隔離収容するという非人間的処遇への厳しい反省と批判から出発した、障害者の生活条件や生活環境などの社会的条件の改善に焦点をあてたアプローチであり、この思想が国際的に最も普及したのは、より普遍性のある人権思想としての側面を持っているためとされています[2]。そして、ノーマライゼーションには、障害のある人が障害のない人と同じように家族等と一緒に過ごし、男女がともに暮らす世界でさまざまな発達的経験をする機会を保障するなどの、文化的・経済的・社会的水準を適用した生活条件を提供していくことを目指す「同化としてのノーマライゼーション」と、障害のある人を排除や差別することなく、障害者が一市民としての生活水準を維持し、地域社会でノーマルな生活を送ることができるようにすることを目指す「異化としてのノーマライゼーション」という 2 つの側面があります[3]。障害のある人もない人も、互いに差異や多様性を認めつつ共生できる社会の実現のために、相互理解と相互交流が求められます。

②障害者の自立生活と自立生活運動

　現代の障害者福祉の中心理念は、平等で対等な生活に基づく「ノーマライゼーション」と障害者自身の選択と意思に基づく「自立生活」であるとされています[4]。しかし、「自立生活」という言葉は、「自立」という言葉から身辺自立や経済的自立 [*4] というイメージが強く連想されるため、介助が必要な重度障害者には無理なことという誤解を生む傾向があります。

　「障害者は何もできないかわいそうな存在」という世間の誤った認識を変えるべく、1960 年代にアメリカのカリフォルニア大学バークレー校などで、障害のある学生の運動から障害者の自立生活運動が始まりました [*5]。それは、重度の障害がある学生たちを「病人や患者扱いするのをやめ、ほかの学生と同じキャンパスライフを保障する」よう要求するものでした。こうして必要に応じて介助者を活用しつつ、生活の場や生活のありようを自分で決める生活を「自立生活」と呼ぶようになり、この運動を契機に、人の手を

*2
バンク－ミケルセンは「ノーマライズ」というのは「障害のある人をノーマルにすることではありません。彼らの生活の条件をノーマルにすることです」としています。

*3　ノーマライゼーションの 8 つの原理
①1 日のノーマルなリズム、②1 週間のノーマルなリズム、③1 年間のノーマルなリズム、④ライフサイクルを通してノーマルな発達的機会を経験すること、⑤知的障害者本人の選択、願望、要求が十分に考慮され、尊重されること、⑥男女がともに住む世界に暮らすこと、⑦ノーマルな経済水準が保障されること、⑧ノーマルな物理的設備などの環境水準が保障されること。

*4
自身で着脱、食事、排せつなどの身の回りのことができることを「身辺自立」、就労等により生活費を稼ぐことができることを「経済的自立」といいます。

＊5
アメリカの「自立生活運動の父」と呼ばれるエド・ロバーツ（Roberts,E.）は、13歳のときに感染したポリオが原因で、首から下がまひした重度障害者でしたが、カリフォルニア大学バークレー校に入学後、障害のある学生への支援プログラムを提示するなどし大学改革を行いました。

＊6
佐藤久夫が、全人間的復権の意味として「（復帰した社会での）生活の質がどうなっているのか、本当に生きがいの持てる人間的な生活が実現できているのかどうか、その人が自らの人生の主体者として性格・能力や希望にふさわしい社会参加ができているのかどうか、ということを問題とし評価のものさしとする」5）と述べたのを受け小澤温は「全人間的復権」の手段として、医療、教育、職業、社会福祉などの分野の統合的アプローチが重要となると述べています6）。

＊7　ADL
食事、排せつ、着脱衣、入浴、移動などの日常生活動作のことです。

借りて（介助や援助を活用して）生活の質（QOL：Quality of Life）を上げることの意義が示されるようになりました。

当たり前の生活に力点を置くノーマライゼーションの理念と自己選択に力点を置く自立生活の理念は、「自分で選ぶ当たり前の（一市民としての）生活」という共通の原理を持っているのです。

③リハビリテーション

「リハビリテーション」（rehabilitation）という言葉は、「再び適したものにすること」という意味があり、中世ヨーロッパにおいては名誉の回復の意味で、19世紀には犯罪者の社会復帰活動に対しても使われてきましたが、20世紀に入ると、第一次世界大戦の戦傷者を対象とした社会復帰活動を契機に医療分野の言葉として定着し、その内容は運動回復訓練として捉えられるようになりました。第二次世界大戦後には、対象者が高齢者や障害者などに拡大するとともに、ノーマライゼーション思想や自立生活運動の展開により、リハビリテーションは「全人間的復権」＊6という認識へ移行し、ADL（Activities of Daily Living）＊7自立や職業的自活だけを重視するのではなく、障害者自身の生活の質（QOL）の向上を目標に掲げる理念に変化しました。

リハビリテーションには、個人を対象とする医学的リハビリテーション、教育的リハビリテーション、職業的リハビリテーション、環境を対象とする社会的リハビリテーションの4分野が存在するとされています。そのため、関わる専門職も多岐にわたり、専門職間のチームワークが重要となります。また、障害当事者のその人らしい主体的な生活を支えるために、各種専門職や当事者を取り巻く人々との多職種連携によるネットワークシステムが求められます。

④ソーシャルインクルージョン

ソーシャルインクルージョンは、「全ての人々を孤独や孤立、排除や摩擦から援護し、健康で文化的な生活の実現につなげるよう、社会の構成員として包み支え合う」7）という理念です（p.21も参照）。社会的に弱い立場にある人々を社会の一員として包み支え合うというこの理念は、教育の領域においてはインクルーシブ教育と称され、その最終目的を共生社会の実現とするところにおいて、特別支援教育と同じ方向であるとされています8）。

文部科学省はインクルーシブ教育システム（包容する教育制度）の構築に向けて、同じ場でともに学ぶことを追求するとともに、個別の教育的ニーズのある幼児児童生徒に対して、そのニーズに的確に対応できる、多様で柔軟な教育および指導の仕組みを整備することが重要で、小・中学校における通常

学級から特別支援学校までを視野に入れた連続性のある「多様な学びの場」の必要性をあげています[9]。そして共生社会の実現には、障害のある人とない人の日常的交流を基盤とした互いの認知・理解拡大が重要であり、そのような場の確保が課題となります。

3　障害者の権利の保障

> **要約** ▶ 日本は、障害者権利条約の批准に伴い、障害者の人権を尊重し、個々の尊厳が尊重される社会を目指して国内法を整備し、障害を理由にした不当な差別や合理的配慮の不提供を禁止する障害者差別解消法を制定しました。

①障害者の権利に関する条約（障害者権利条約）

わが国の障害者福祉は、税を基本財源とするサービスや制度の提供と社会参加の枠組み設定による社会参加促進の2つの方法をとってきましたが、障害者と障害のない人との実質的不平等は解消されないままの状態でした[10]。このようななかで、2006年の国際連合の総会で「障害者の権利に関する条約（障害者権利条約）」が採択されました。この条約は、「全ての障害者によるあらゆる人権及び基本的自由の完全かつ平等な享有を促進し、保護し、及び確保すること並びに障害者の固有の尊厳の尊重を促進すること」（第1条）を目的とするもので、日本は2007（平成19）年に署名し、国内法の整備や障害者関連制度の改革を経て、2014（同26）年に批准しました。

障害者権利条約批准への流れを牽引したのは、メンバーの半数以上が障害当事者で構成された「障がい者制度改革推進会議」であり、障害者基本法をはじめとした障害者等の地域生活を支援するための関係法律の改正のほか、「障害を理由とする差別の解消の推進に関する法律（障害者差別解消法）」の成立といった改革を導きました。

②合理的配慮と「障害に基づく差別」の定義

戦後、障害者福祉の理念形成がなされる経緯において障害は、疾病や外傷等の健康状態から生じた個人的問題として捉えられ、障害者は専門家による治療や訓練などを受けることによってその障害を除去したり克服したりする努力をすべきと考えられてきました（医学モデル）。しかし1980年代以降、障害は個人と社会環境との関係から生まれる、社会によって生み出されるものという「社会モデル」の考え方が普及していきました[11]。

障害者権利条約は、障害のない人に合わせてつくられた社会において障害のある人が被る不平等や不利益について、社会の側からそれを解消すべく改

＊8　合理的配慮
障害者が他の者との平等を基礎として全ての人権及び基本的自由を享有し、又は行使することを確保するための必要かつ適当な変更及び調整であって、特定の場合に必要とされるものであり、かつ、均衡を失した又は過度の負担を課さないものをいう（本条約第2条）。

＊9
障害を理由にした正当な理由のない排除や区別などの取り扱いを「直接差別」といい、外形的には中立的な規定・基準や取り扱いが、結果的には障害者に障害のない人と比較して不利益や排除を生じさせることを「間接差別」といいます。

善や変更を行わなければならないという考えのもとに制定されています。そこでポイントとなる概念が「合理的配慮」*8 です。

　そして合理的配慮は、実質的に機会均等や機会平等を保障するためのものです。そのため、直接差別や間接差別 *9、合理的配慮を行わないことの3つの「障害に基づく差別」をしないことが条約を批准した国の責務となります。

　2013（平成25）年に成立した「障害者差別解消法」は、障害者基本法の第4条に規定されている「差別の禁止」を具体化するもので、行政機関や事業者に対し、障害のある人への障害を理由とする「不当な差別的取り扱い」を禁止し、障害のある人から申し出があった場合に「合理的配慮の提供」を求めることなどを通じて「共生社会」の実現を目指しています。そして2021（令和3）年の改正では、事業者による障害のある人への合理的配慮の提供が義務化されました（2024 [同6] 年4月1日施行）*10。

> *10
> この改正に合わせ、内閣府は、リーフレット「令和6年4月1日から合理的配慮の提供が義務化されます！」を作成し、合理的配慮の具体例をあげて解説しています。

Section 2　障害者を支える法制度

3分 Thinking

- あなたにとっての障害のイメージはどのようなものでしょうか。また、障害がある子どもに接するときに重視することは何ですか。考えてみましょう。

1　障害者福祉の法律

要約 ▶ 日本の障害者福祉の法律として、障害者の定義や基本理念を定めた障害者基本法、その関連法である身体障害者福祉法、知的障害者福祉法、精神保健福祉法、障害者総合支援法などが定められています。

---

①障害者基本法

　第1条において「全ての国民が、障害の有無にかかわらず、等しく基本的人権を享有するかけがえのない個人として尊重されるものであるとの理念にのつとり、全ての国民が、障害の有無によつて分け隔てられることなく、相互に人格と個性を尊重し合いながら共生する社会を実現するため、障害者の自立及び社会参加の支援等のための施策に関し、基本原則を定め、及び国、地方公共団体等の責務を明らかにするとともに、障害者の自立及び社会参加の支援等のための施策の基本となる事項を定めること等により、障害者の自

立及び社会参加の支援等のための施策を総合的かつ計画的に推進すること」を法律の目的として掲げ、第2条において「障害者」と「社会的障壁」[*11]について定義しています。

また、障害者が、障害がない人と等しく個人としての尊厳を重んじられ、その尊厳にふさわしい生活を保障される共生社会を目指すこと、障害を理由とする差別の禁止、そして社会的障壁の除去のために過度な負担とならない場合は「合理的配慮」を行わなければならないなどの規定がなされています。

②身体障害者福祉法

第1条において「身体障害者の自立と社会経済活動への参加を促進するため、身体障害者を援助し、及び必要に応じて保護し、もつて身体障害者の福祉の増進を図ること」を法律の目的として掲げ、第4条において身体障害者を「別表に掲げる身体上の障害がある18歳以上の者であつて、都道府県知事から身体障害者手帳の交付を受けたものをいう」と定義しています[*12]。

なお、身体障害者手帳は医師の診断書を添えて本人または保護者が申請することにより、都道府県知事、指定都市市長、または中核市市長から交付されます。

③知的障害者福祉法

第1条において「知的障害者の自立と社会経済活動への参加を促進するため、知的障害者を援助するとともに必要な保護を行い、もつて知的障害者の福祉を図ること」を法律の目的に掲げ、知的障害者自身の自立への努力とあらゆる分野の活動への参加機会の確保などについて規定しています。

知的障害者福祉法では知的障害者の定義は規定されていませんが、厚生労働省「知的障害児(者)の基礎調査」においては、「知的機能の障害が発達期(おおむね18歳まで)にあらわれ、日常生活に支障が生じているため、何らかの特別の援助を必要とする状態にあるもの」と定義されています。

なお、児童相談所または知的障害者更生相談所(p.60を参照)によって知的障害と判定された本人または保護者が申請することにより、都道府県知事から療育手帳が交付されます。

④精神保健及び精神障害者福祉に関する法律（精神保健福祉法）

第1条において「精神障害者（中略）の医療及び保護を行い、（中略）社会復帰の促進及びその自立と社会経済活動への参加の促進のために必要な援助を行い、並びにその発生の予防その他国民の精神的健康の保持及び増進に努めることによつて、精神障害者の福祉の増進及び国民の精神保健の向上を図

＊11　**社会的障壁**
何らかの障害がある者にとって「日常生活又は社会生活を営む上で障壁となるような社会における事物、制度、慣行、観念その他一切のもの」を指します。なお、「障害者」の定義はp.135を参照のこと。

＊12
別表とは「身体障害者福祉法別表」のことを指し、身体上の障害として、視覚障害、聴覚または平衡機能障害、音声機能、言語機能またはそしゃく機能障害、肢体不自由、心臓機能障害、じん臓機能障害、呼吸器機能障害、ぼうこうまたは直腸機能障害、小腸機能障害、ヒト免疫不全ウイルスによる免疫機能障害、肝臓機能障害に分類しています。その程度により1～7級と等級の範囲で区分され、身体障害者手帳が交付されます（なお、7級単独の障害の場合は交付対象になりません）。

＊13
発達障害（第2条第1項）とは「自閉症、アスペルガー症候群その他の広汎性発達障害、学習障害、注意欠陥多動性障害その他これに類する脳機能の障害であってその症状が通常低年齢において発現するものとして政令で定めるもの」としており、政令では、言語や協調運動の障害、心理的発達の障害、行動や情緒の障害と規定しています。また、発達支援（同条第4項）とは「発達障害者に対し、その心理機能の適正な発達を支援し、及び円滑な社会生活を促進するため行う個々の発達障害者の特性に対応した医療的、福祉的及び教育的援助」としています。なお、同法で規定する発達障害は、法や行政で用いる支援用語です。従来、医学分野等で用いる発達障害とは対象・定義が異なること、また近年では「自閉スペクトラム症（ASD）」としてまとめて診断されることに留意する必要があります。

＊14
「難病」のことを指し、2021（令和3）年11月1日現在、366疾病が対象です。

ること」を法律の目的に掲げ、第5条において精神障害者を「統合失調症、精神作用物質による急性中毒又はその依存症、知的障害その他の精神疾患を有する者をいう」と定義しています。

なお、精神保健福祉センター（p.61を参照）によって精神障害と判定された本人（医療関係者等の代理人を含む）が申請することにより、精神障害者保健福祉手帳が都道府県知事から交付されます。

⑤発達障害者支援法

第1条で、発達障害 ＊13 は、その症状の発現後できるだけ早期に発達支援を行うこと、切れ目なく発達障害者の支援を行うことが特に重要であることから、発達障害の早期発見・発達支援 ＊13 を行うことに関して国と地方公共団体に責務があることや、学校教育や就労の場における支援などについて定めることにより、障害の有無に関係なく互いを尊重し合うこと、共生社会の実現に資することなどを法律の目的として掲げています。

また、第2条第2項において発達障害者を「発達障害がある者であって発達障害及び社会的障壁により日常生活又は社会生活に制限を受けるもの」と定義しています。なお、発達障害者支援法には手帳制度はなく、療育手帳か精神障害者保健福祉手帳の交付基準に該当する場合は、申請に基づきそれぞれの手帳が交付されます。

⑥障害者の日常生活及び社会生活を総合的に支援するための法律（障害者総合支援法）

第1条において「障害者及び障害児が基本的人権を享有する個人としての尊厳にふさわしい日常生活又は社会生活を営むことができるよう、必要な障害福祉サービスに係る給付、地域生活支援事業その他の支援を総合的に行い、もって障害者及び障害児の福祉の増進を図るとともに、障害の有無にかかわらず国民が相互に人格と個性を尊重し安心して暮らすことのできる地域社会の実現に寄与すること」を法律の目的として掲げています。

また、第4条第1項において「障害者」の範囲を「身体障害者福祉法第4条に規定する身体障害者、知的障害者福祉法にいう知的障害者のうち18歳以上である者及び精神保健及び精神障害者福祉に関する法律第5条第1項に規定する精神障害者（発達障害者支援法第2条第2項に規定する発達障害者を含み、知的障害者福祉法にいう知的障害者を除く）のうち18歳以上である者並びに治療方法が確立していない疾病その他の特殊の疾病 ＊14 であって政令で定めるものによる障害の程度が厚生労働大臣が定める程度である者であって18歳以上であるもの」とし、同条第2項では障害児について、「児童福祉法第4条第2項に規定する障害児をいう」としています。

⑦児童福祉法

第4条において「障害児」を18歳に満たない者のうち、身体に障害のある子ども、知的障害のある子ども、精神に障害のある子ども（発達障害児を含む）または治療方法が確立していない疾病や特殊の疾病により障害がある子ども*15と定義しています。

> *15
> 障害者総合支援法で定める障害の程度と同程度である子どもを指す難病児のことです。

2 障害児・者への福祉サービス

> **要約** ▶ 障害者を対象とした福祉サービスは障害者総合支援法に、障害のある子どもを対象とした福祉サービスは児童福祉法に規定されています。

①障害者総合支援法に基づくサービスの概要

障害者を対象とするサービスは2003（平成15）年度からの支援費制度*16、2006（同18）年度からの障害者自立支援法を経て、2013（同25）年4月施行の障害者総合支援法において規定されています。

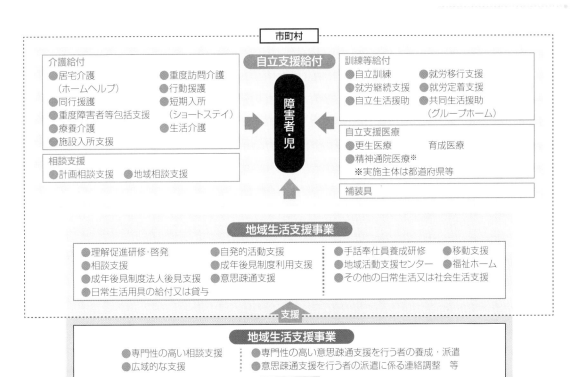

図9-2 障害者総合支援法によるサービス体系

出典：全国社会福祉協議会「障害福祉サービスの利用について（2021年4月版）」p. 3

障害者自らがサービス
を選択し、サービスを
提供する施設・事業者
との対等な関係に基づ
く契約によりサービス
を利用するという、従
来の措置制度とは異な
るサービス利用の仕組
みとして始まりまし
た。サービスを利用し
たい障害者が支援費の
支給申請をし、市町村
が支給決定すること
から支援費制度といいま
した。

障害者総合支援法による総合的な支援は、市町村が責任者として実施する自立支援給付と地域生活支援事業、都道府県が責任者として実施する地域生活支援事業とで構成されています。自立支援給付は「介護給付」「訓練等給付」「相談支援」「自立支援医療」「補装具」に分けられ、地域生活支援事業は、地域の特性や利用者の状況に応じて柔軟に実施することにより、効率的・効果的な事業実施が可能である各種事業を位置付けています（図9−2）。

サービス利用については、①市町村の窓口に申請（介護給付を希望する場合は障害支援区分［区分1〜6］の認定を受ける）したのち、②「サービス等利用計画案」を市町村に提出します。そして、③市町村が支給決定したうえで、④「指定特定相談支援事業者（もしくは本人）」が作成する「サービス等利用計画」に基づく「契約」を結ぶことでサービス利用が開始されます（p.52図3−5も参照）。

②障害のある子どもへの福祉サービスの概要

障害のある子どもを対象とする福祉サービスは主として児童福祉法に規定されており、都道府県による「障害児入所支援」と、市町村による「障害児通所支援」があります（表9−1）。障害児入所支援を利用する場合は児童相談所に申請をし、障害児通所支援を利用する場合は、①市町村に申請をしたのち、②「障害児支援利用計画案」を市町村に提出します。そして、③市町村が支給決定したうえで、④利用する施設と契約を結びサービス利用が開始されます。

また、一部、障害者総合支援に基づく「居宅介護」「同行援護」「計画相談支援」などのサービスを利用することも可能です。

表9－1　障害児を対象としたサービス

障害児入所支援	福祉型障害児入所施設	施設に入所している障害のある子どもに対して、保護、日常生活における基本的な動作および独立自活に必要な知識技能の習得のための支援を行います。
	医療型障害児入所施設	施設に入所または指定医療機関に入院している障害のある子どもに対して、保護、日常生活における基本的な動作および独立自活に必要な知識技能の習得のための支援と治療を行います。

障害児通所支援	児童発達支援	障害のある子どもを「児童発達支援センター」や「児童発達支援事業を行う施設」に通わせ、日常生活における基本的な動作や知識技能の習得、集団生活への適応のための支援のほか、肢体不自由のある子どもに治療を行います。 **①児童発達支援センター** 　身近な地域で必要な支援が受けられるなど地域における障害のある子どもへの支援の中核的役割を担う、児童福祉施設に位置付く機関です。 　障害のある子どもを通わせて「高度の専門的な知識や技術を必要とする児童発達支援」を行うほか、「地域で生活する障害のある子どもや家族への支援」「児童発達支援事業を行う施設に対する支援」などの地域支援を行います。 **②児童発達支援事業** 　未就学の障害のある子どもを通わせて発達支援を行います。
	放課後等デイサービス	就学中の障害のある子どもに対して、放課後や夏休み等の長期休暇中において、生活能力向上のための支援等を継続的に提供します。 学校教育と相まって障害のある子どもの自立と、社会との交流を促進するとともに、放課後等の居場所づくりを推進します。
	居宅訪問型児童発達支援	重度の障害等により外出が著しく困難な子どもの居宅を訪問して発達支援等を行います。
	保育所等訪問支援	保育所等（保育所、幼稚園、小学校、放課後児童クラブ、乳児院、児童養護施設等）を現在利用中の障害のある子ども、今後利用する予定の障害のある子どもに対して、訪問により、保育所等における集団生活への適応のための専門的な支援を提供し、保育所等の安定した利用を促進します。

注　：2022（令和4）年の児童福祉法の改正により、「児童発達支援センター」が地域における障害児支援の中核的役割を担うことの明確化と類型（福祉型・医療型）の一元化（p.111 表7－2も参照）がなされたほか、「障害児通所支援」の定義のうち「医療型児童発達支援」については「児童発達支援」として統合されるとともに、当センターと障害児入所施設の目的条文も改められました（2024［同6］年4月1日施行）。

出典：図9－2と同じ　pp. 6-7をもとに筆者作成

【引用文献・引用ホームページ】

1）上田敏『ICFの理解と活用―人が「生きること」「生きることの困難（障害）」をどうとらえるか―』きょうされん　2005年　p.9

2）定藤丈弘「障害者福祉の基本的思想」定藤丈弘・佐藤久夫・北野誠一編『現代の障害者福祉　改訂版』有斐閣　2003年　pp.19-25

3）堀正嗣「教育におけるノーマライゼーションの可能性」『障害児教育とノーマライゼーション―「共に生きる教育」をもとめて―』明石書店　pp.101-103

4）前掲書2）p.49

5）小澤温「リハビリテーションの現状と課題」定藤丈弘・佐藤久夫・北野誠一編『現代の障害者福祉　改訂版』有斐閣　2003年　pp.133-151

6）佐藤久夫『障害者福祉論』誠心書房　1993 年　pp.27-28

7）障害保健福祉研究情報システム「重要な用語の解説：ソーシャルインクルージョン」

http://www.dinf.ne.jp/doc/japanese/glossary/Social_Inclusion.html（2023 年 8 月 20 日閲覧）

8）文部科学省中央教育審議会初等中等教育分科会「特別支援教育の在り方に関する特別委員会第 5 回配布資料　特別支援教育の在り方に関する特別委員会における論点整理に向けた主な意見等」2010 年

9）文部科学省中央教育審議会初等中等教育分科会「共生社会の形成に向けたインクルーシブ教育システム構築のための特別支援教育の推進（報告）概要」2012 年

10）東俊裕監修、DPI 日本会議編『障害者の権利条約でこう変わる Q ＆ A』解放出版社　2007 年　p.1

11）同上書 10）　pp.24-27

【参考文献・参考ホームページ】

● 相澤讓治・橋本好市・直島正樹編『障害者福祉論—障害者ソーシャルワークと障害者総合支援法—』みらい　2021 年

● 山下幸子・竹端寛・尾﨑剛志・圓山里子『障害者福祉　第 3 版』ミネルヴァ書房 2020 年

● 定藤丈弘・岡本栄一・北野誠一編『自立生活の思想と展望—福祉のまちづくりと新しい地域福祉の創造をめざして—』ミネルヴァ書房　1993 年

● 障害者福祉研究会編『国際生活機能分類（ICF）—国際障害分類改定版—』中央法規出版　2002 年

● 文部科学省独立行政法人国立特別支援教育総合研究所「ICF について」

http://www.mext.go.jp/b_menu/shingi/chukyo/chukyo3/032/siryo/06091306/002. htm（2023 年 8 月 20 日閲覧）

●学びを振り返るアウトプットノート

年　月　日（　）第（　）限　　学籍番号..................　氏名..

✧ この Chapter で学んだこと、そのなかで感じたこと（テーマを変更しても OK）

✧ 理解できなかったこと、疑問点（テーマを変更しても OK）

✤ Ｔ Ｒ Ｙ し て み よ う ✤

1　世界保健機関（WHO）による国際生活機能分類（ICF）は、障害のある人の生活機能の
　　（　　　　　）面を重視した（　　　　　）モデルとされている。

2　（　　　　　　　　　　　　）は「全ての人々を孤独や孤立、排除や摩擦から援護し、
　　健康で文化的な生活の実現につなげるよう、社会の構成員として包み支え合う」という
　　理念である。

3　障害者基本法の第４条を具体化する（　　　　　　　　　　　　　　　　　　　）
　　は、国や地方公共団体が障害を理由にした正当な理由のない排除や区別、（　　　　　）
　　を実施しないことを差別として禁止している。

コラム⑨ 知的障害のあるお母さんの子育て

　知的障害のある人の子育てについて、保育を学んでいるみなさんにぜひ知ってもらいたいことがあります。それは、知的障害のある人は、さまざまな理由によって子育てをすることが実現しにくいということです。

　「平成28年生活のしづらさなどに関する調査（全国在宅障害児・者等実態調査）」によれば、療育手帳を持っている65歳未満の人（知的障害者）で「子と暮らしている」割合は3.1％となっていて、これは身体障害者や精神障害者の割合と比べても、とても低い数値です。理由としては、「結婚して子育てをしたい」と思っても、家族や親戚などに反対されて実現できないということが考えられます。ほかにも、十分な収入がないから、身の回りのことを一人でできないから、性に対する理解と対応が不十分だから、子育てをする力がないから、周りの人に迷惑をかけるから、支援してくれる人がいないからなど、理由はさまざまです。

　知的障害のあるお母さんが子育てをする漫画があります。2005 〜 2012（平成17 〜 24）年まで講談社の『BE・LOVE』という女性向け漫画雑誌で連載された「**だいすき‼〜ゆずの子育て日記〜**」（愛本みずほ作）という作品です。2008（同20）年にはテレビドラマ化されました。

　軽度の知的障害がある26歳の柚子という女性が主人公で、同じ作業所の草介と仲良しでした。草介が事故で亡くなった日に、柚子のおなかに新しい命が宿っていることがわかり、周りの人たちは出産に反対しますが、柚子は母親になりたいという意思を伝えます。その意思の強さから、周りの人たちは柚子の可能性を信じることにしました。そして、出産後のさまざまな困難にもめげることなく、支援を受けながら柚子は娘であるひまわりを愛し育てていきます。

　注目してほしいポイントは、柚子の「母親になる」という意思と子育てを支える周囲の人たちの存在です。柚子のお母さんやお父さん、弟などの家族だけでなく、保健師、作業所の支援スタッフ、ひまわりが通う保育園の園長先生や担任の先生など、柚子とひまわりを支える人たちがたくさんいます。

　実際に保育や福祉の現場など、みなさんの周りにおいても、児童相談所や保健師、保育士、ソーシャルワーカーなどの専門機関・専門職者、地域の人たち、職場の人など多くの人たちの支えのなかで、知的障害のある人の子育ては実現しています。できないと決めつけるのではなく、「できること」や「支援があればできること」に着目していくことがとても大切です。

Chapter 10 社会福祉とソーシャルワーク

●イメージをつかむインプットノート

Section 1 「ソーシャルワークの理解」のアウトライン

　保育士の仕事は、子どもの保育のみならず、保護者への支援も行うことが保育所保育指針に記載されています。このことから、保育士に求められるソーシャルワークに関する基本事項について理解します（p.151）。

Keyword

- ☑ ソーシャルワーク
- ☑ 保育ソーシャルワーク
- ☑ 慈善組織協会（COS）
- ☑ セツルメント運動

おはようございます…

お母さん。元気なさそうですが、何かありましたか？

保護者や子どもに対する受容や共感の姿勢とは？

Section 2 「ソーシャルワークの体系等」のアウトライン

　ソーシャルワークの体系やケースワークの原則、ソーシャルワークの展開過程について学びます（p.154）。

Keyword

- ☑ 直接・間接・関連援助技術
- ☑ ジェネラリストソーシャルワーク
- ☑ バイスティックの7原則

守秘義務

バイスティックの原則の1つに「守秘義務の原則」があります。

Section 3 「ソーシャルワークのモデルと視点」のアウトライン

　ソーシャルワークのモデルやアプローチのほか、保育士に求められるソーシャルワークの視点について学びます（p.159）。

> **Keyword**
>
> ☑ 医学モデルと生活モデル ☑ ストレングス
> ☑ エンパワメント ☑ アドボカシー

　ソーシャルワークにおいては、クライエントの持つ「強さ」や「力」を引き出す支援が求められます。

Section 1　ソーシャルワークの理解

3分 Thinking

- 「ソーシャルワーク（相談援助）」と聞いて、どのようなことを思い浮かべますか。

1　保育士がソーシャルワークを学ぶ意義

> **要約** ▶ 保育士はソーシャルワークの専門職ではありませんが、人々の生活上の困難や課題に取り組みウェルビーイング（Well-being）を促すソーシャルワークの専門性を学び、子育てにおける困難や不安を抱える保護者とともに子どもの最善の利益につながるよう支援をすることが重要です。

①ソーシャルワークの機能に対する期待

　ソーシャルワーク（相談援助）とは、具体的にどのようなことを指すのでしょうか。国際ソーシャルワーカー連盟・国際ソーシャルワーク学校連盟が採択した「ソーシャルワーク専門職のグローバル定義」では、次のように定めています。保育士はソーシャルワークを専門とする職員ではありませんが、ソーシャルワークの知識・技術を用いて援助を展開することが必要です。

> **ソーシャルワーク専門職のグローバル定義（抜粋）**
>
> 　ソーシャルワークは、社会変革と社会開発、社会的結束、および人々のエンパワメントと解放を促進する、実践に基づいた専門職であり学問である。社会正義、人権、集団的責任、および多様性尊重の諸原理は、ソーシャルワークの中核をなす。ソーシャルワークの理論、社会科学、人文学、および地域・民族固有の知を基盤として、ソーシャルワークは、生活課題に取り組みウェルビーイングを高めるよう、人々やさまざまな構造に働きかける。

　「保育所保育指針解説」では、「保護者に対する子育て支援に当たっては、保育士等が保護者と連携して子どもの育ちを支える視点をもって、子どもの育ちの姿とその意味を保護者に丁寧に伝え、子どもの育ちを保護者と共に喜び合うことを重視する」としています。そのため、保護者への助言や指導は、保育士の一方的な価値観や倫理観、あるいは社会的に適正と思われる意見などに基づいたものではなく、保護者の生活上の課題や困難を受容し、一緒に考えていく、といった視点が求められます。

例えば、子どもが夜寝る時間が 11 時くらいになってしまう、という家庭があるとしましょう。一般的に「子どもにとっては早寝早起きと朝ご飯」が大切だといわれています。そのため、「早く寝かせてあげてくださいね」「子どもが 11 時に寝るのは遅いですよ」という助言が正しいように思われがちです。確かにその通りであり、おそらく保護者もそのことは理解しているでしょう。しかし、さまざまな就業スタイルや家庭があり、その家庭や子どもの生活課題として「保護者が仕事で帰宅が遅い」「父親の子育てが期待できない」「祖父母などからの支援が受けられない」などの理由があるかもしれません。子どもの育ちを保護者とともに考え、「お母さんも頑張ってみえるけど、遅くなってしまうのですね」と共感し、「保育所でのお昼寝の時間を長くとってみましょうか」などの声をかけ、一緒に子育てに取り組もうとする姿勢で関わることが重要です。こうした関わりが、保育者が行うソーシャルワークなのです。

②「保育所保育指針」に見るソーシャルワーク

　保育士は保育所のみならず、ほかの児童福祉施設等でも必置の専門職です。保育士の仕事は、子どもの保育だけでなく、保護者への子育て支援を行うということが保育所保育指針にも明記されているという観点からも、保育士には「ソーシャルワーク」の知識や技術、視点が求められているといえるでしょう。近年では、「保育ソーシャルワーク」という言葉もあり、保育の知識に加えて、ソーシャルワークの知識も兼ね備えた保育士でなければ、多様な家庭への援助は困難です。

　「保育所保育指針解説」では、保育所における子育て家庭への支援について、「ソーシャルワークの基本的な姿勢や知識、技術等についても理解を深めた上で、支援を展開していくことが望ましい」と示されています。これは、ソーシャルワークの中核を担う機関（福祉事務所や児童相談所）と必要に応じて連携を取りながら保育所での子育て支援を行うためです。また、特に育児不安等が見られる保護者への支援についても「ソーシャルワークやカウンセリング等の知識や技術を援用することが有効なケースもある」とされています。

　社会福祉士などのソーシャルワークを行う国家資格が誕生する以前は、保育士もソーシャルワーク機能を果たした業務を行っていましたが、社会福祉に関するさまざまな資格や制度ができ充実していくなかで、保育士の仕事は、乳幼児の保育に特化していった面があります。しかし、保育所内における子どもの保育だけでは、子どもの成長発達は成し得ないものであり、家庭との連携は不可欠です。「保育所保育指針解説」には、「保育所保育が、保護者との緊密な連携の下で行われることは、子どもの最善の利益を考慮し、子ども

の福祉を重視した保護者支援を進める上で極めて重要である」と示されています。子どもが暮らす家庭にもさまざまな形があり、生活に何らかの困難を抱えている、育児に不安があるなど困りごとがあるかもしれません。そのため、そうした家庭や子どもの最善の利益につながる支援をするソーシャルワークの基本的な知識や技術、考え方（視点）を学ぶことが必要なのです。

2　ソーシャルワークの成り立ち

> **要約** ▶ 慈善組織協会（COS）の活動やセツルメント運動がソーシャルワークの起源となっています。

　ソーシャルワークの学問としての歴史は、まだ 100 年ほどです。資本主義社会が成立し、第二次産業が主流になるなかで、人々は都市に流入し、産業革命が起こりました。19 世紀に入ると、いち早く産業革命を経験したイギリスを中心として、世界的に貧困が大きな社会問題となりました。それらを受けて、1869 年にイギリスのロンドンで設立されたのが慈善組織協会（COS）です。COS は、貧困者救済のために貧困者のもとを訪問する「友愛訪問」やケース記録の整理をするなど、貧困者救済のために組織的に運営されていました[*1]。また「友愛訪問」は、「施しではなく、友人を」という視点で行われていました。

　イギリスで生まれた COS は、アメリカへと波及し、「友愛訪問」での経験をもとにソーシャルワークの科学化・専門化がなされます。「ケースワークの母」と呼ばれたリッチモンド（Richmond, M.）は、慈善組織協会の活動をケースワーク（Section 2 で学びます）として体系的・学問的に位置付け、それらを行う人々を専門職（ソーシャルワーカー）として確立させました。また、このころにはセツルメント運動[*2]が盛んになりました。セツルメント運動は、社会改良として知識を持った人が貧困地域に移り住み、住民との交流を通して地域の福祉の向上を図ろうとするものであり、実践によって、地域や社会の変革を行いました。代表的なものは、イギリスでは、バーネット（Barnett, S.）の「トインビーホール」、アメリカでは、アダムス（Addams, J.）の「ハル・ハウス」があげられます。そして、この運動がグループワーク、コミュニティワーク（Section 2 で学びます）の基礎となりました。

　1920 年ごろには、ソーシャルワークの専門化が図られるようになり、アメリカのソーシャルワーク団体の会議であるミルフォード会議の報告書で、ジェネリックソーシャルワークとスペシフィックソーシャルワーク（Section 2 で学びます）が示されました。

*1
こうした点から COS は民間社会福祉の源流とされ、現在のケースワークやコミュニティ・オーガニゼーション（アメリカで発展したソーシャルワークの技術で、地域住民が主体となって問題解決にあたることを目指した地域組織化活動をいいます）の先駆けと捉えられています。

*2　**セツルメント運動**
p.31 も参照のこと。

Section 2 ソーシャルワークの体系等

3分 Thinking

・「ソーシャルワーク」はどのように行われているのか考えてみましょう。

1 ソーシャルワークの体系

> **要約** ソーシャルワークは、大きく直接援助技術、間接援助技術、関連援助技術に分けられます。また、それらを統合したジェネラリストソーシャルワークという概念があります。

ソーシャルワークは、クライエントに対して直接的な働きかけを行う直接援助技術、間接的な働きかけを行う間接援助技術、直接援助技術と間接援助技術を支援するものとしての関連援助技術の大きく3つに分けることができます。

①直接援助技術

直接援助技術には、クライエントに対して個別的に働きかけを行うケースワーク（個別援助技術）と、集団的な働きかけを行うグループワーク（集団援助技術）があります。

ケースワークは、生活課題を抱える個人や家族を対象にした援助を行います。そこでは、信頼関係（ラポール）を築くことが重要であり、そのための原則として、次項で学ぶバイスティックの7原則が有効であるとされます。

グループワークは、同じ生活課題を抱える人たちの集団（グループ）において、意図的なグループ経験を通した援助活動を展開します。対象となるクライエントは、アルコールなどの依存症の方や障害を持つ子どもの親の会などがあげられます。

②間接援助技術

間接援助技術は、コミュニティワーク（地域援助技術）、ソーシャルワーク・リサーチ（社会福祉調査法）、ソーシャル・アドミニストレーション（社会福祉運営管理）、ソーシャルアクション（社会活動法）などがあげられます。

コミュニティワークは、地域住民がその地域生活上で生ずるさまざまな問題に対して、主体的・組織的に取り組むとともに、問題解決に必要な資源の

調達やそのネットワークを図ることを援助する方法です。

　ソーシャルワーク・リサーチは、地域に対してアンケートやヒアリングなどを行い、福祉サービスの充実を図ったり、多くの住民に社会福祉に関する計画立案への参加を促したりする援助方法です。

　ソーシャル・アドミニストレーションは、福祉施策の形成や運営、福祉施設の運営などのことを指します。

　ソーシャルアクションは、社会福祉に関する制度の充実などを目指して、世論を喚起するとともに、行政や関係先に働きかけを行うなどの援助方法のことです。具体的には、署名活動やデモなどがあげられます。

③関連援助技術

　関連援助技術には、ケアマネジメント、スーパービジョン、コンサルテーション、ネットワークなどがあります。

　ケアマネジメントとは、介護保険制度 *3 で導入され広まった技術です。クライエントと社会資源を結び付けることに特徴があります。

　スーパービジョンとは、経験の浅い支援者や実習生など（スーパーバイジー）が、経験豊かな指導者（スーパーバイザー）に支援について指導を受けることをいいます。

　コンサルテーションとは、支援を行う際に必要に応じて他の専門職に指導や意見を求めることをいいます。

　ネットワークとは、専門職をはじめ、専門機関、地域住民やボランティアなど、クライエントとその周りの環境（社会資源）とのつながりを形成することをいいます。

*3　**介護保険制度**
p.124 を参照のこと。

④ジェネラリストソーシャルワークの視点

　Section1 で学んだミルフォード会議の報告書では、ソーシャルワークに「ジェネリック」という言葉が初めて使用されました。ジェネリックとは、一般的、包括的という意味です。一方でスペシフィックソーシャルワークとは、特定の専門分化した領域における知識や技術を指しています。例えば、子ども家庭福祉分野、高齢者福祉分野、障害者福祉分野など対象者別や、ケースワーク、グループワーク、コミュニティワークなど方法別に分けた知識や技術です。

　日本では、近年までスペシフィックソーシャルワークの視点で専門職養成が行われていました。しかし、1970 年ごろからソーシャルワークの統合化が議論されはじめ、それらを経て現在日本では、ジェネラリストソーシャルワークの立場が強調されています。ジェネラリストソーシャルワークは、

Section 3で学ぶ生態学やシステム理論といった、人と環境に焦点をあてることを重視した新しいソーシャルワークの形です。ソーシャルワーク実践を対象者ごとに専門分化するのではなく、どのようなニーズに対しても応用可能で全体的に捉える視点や従来の直接援助技術や関連援助技術の方法を融合させ、柔軟で多角的に支援が展開されるような枠組みです。先にも学んだ通り、保育士は保育所以外の児童福祉施設でも必置の資格ですが、保育所だけでなく、どの現場であっても共通の理論を持って支援する（知識や技術の「統合化」）ということが求められるでしょう。

「スペシフィック」の視点も必要ですが、クライエントの問題解決には、マクロの視点が重要であり、どの分野においても共通の知識や技術を提供することのできる人材が期待されています。

2　ソーシャルワークにおける援助関係の形成

要約 ケースワークの原則の代表的なものとして、バイスティックの7原則（①個別化、②受容、③意図的な感情表出、④統制された情緒的関与、⑤非審判的態度、⑥自己決定、⑦秘密保持）があります。

ここでは、前項で学んだケースワークにおける原則と展開過程について学んでいきます。

①ケースワークの原則

クライエントに個別的な援助を行うケースワークの技術として、バイスティックの7原則があります。この原則は、対人援助の基本的な技法として広く学ばれており、子どもや保護者に対しての援助についてもこの原則のような態度でコミュニケーションを取ることは有効です。

○個別化の原則（クライエントを個人として捉える・同じ問題は存在しない）

子どもや家族の抱える課題やニーズは、似たようなものであってもそれぞれ違うものです。子どもや家族の課題に対して、一つとして同じ課題や問題はない、という認識のもと関わる姿勢が重要です。

○受容の原則（受けとめる）

子どもの考えや思い、また家族の願いはさまざまです。例えば、保育所において、子どもが給食を食べたがらない、友だちと一緒に遊ぶことを拒むなどの場面はよくあることです。また、保護者が子どもにスマートフォンばかり見せている、といった場面もあるでしょう。そのようなとき、保育者としては、子どもに給食を食べるよう促したり、遊びに参加するよう促したり、

保護者にはそうしないように注意を促したいところです。しかし、そのようにしかできない現状を理解し、あるがままに受け入れる（受容）ことが大切です。それは、その子どもや家族の現実を見つめることでもあります。一旦、その状況を受け入れ、理解したうえで課題解決をしていくようにするのです。

○意図的な感情表出の原則（クライエントの感情表現を大切にする）

子どもにとって、生活時間の大半を過ごす保育所では、子どもは肯定的な感情だけではなく、時には否定的な感情も表出します。そのような子どもの感情表現の自由を認めることがこの原則です。泣く・怒るという一見否定的な感情に対して、保育者としてはそれを抑える対応をしようとする傾向にあるかもしれません。しかし、そのような否定的な感情の表出を受容したり、表現しやすくしたりすることで、子ども自身の「自分を表現してもいいのだ」という安心感にもつながっていきます。

また、保護者も、子どもの発達上の問題や課題に対して、悲しみの感情などを表すかもしれません。そのような感情を我慢して抑えるのではなく、表出し、解放していけるように働きかけることが重要です。

○統制された情緒的関与の原則（援助者は自分の感情を自覚して吟味する）

これは、保育者自身が子どもや保護者の言動によって感情的にならないようにするという考え方です。子どもが、保育者の言うことを聞かないとき、みなさんはどのような気持ちになるでしょうか。イライラしたり、腹が立つなどの感情にはならないでしょうか。また、保護者から何らかの苦情があったとき、どのように思ったり感じたりするでしょうか。保育者は、常に自分がどのようなときに感情が揺さぶられるのかを把握し、自分を知る（自己覚知）ことが求められます。そして、そのような自身の感情の揺れを理解し、自らの感情を統制して子どもや保護者に接することが重要になります。

○非審判的態度の原則（クライエントを一方的に避難しない）

これは、子どもや保護者の言動や考えに対して、保育者は自身の価値観によって善悪を判断しない、という考え方です。例えば、仕事が不規則で、子どもに朝ご飯を食べさせてこない保護者に対して、朝ご飯を食べて登園させるよう助言をすることが必要だと感じるかもしれません。しかし、保護者が子どもに対してそのような健康上、一般的な通念上、必要なことを行っていないということであっても、決してそれが悪いことであるというように非難しないことが大切です。保育者が一方的な価値観の押し付けをしたり、保護者の言動を否定したりすることで、保護者との信頼関係もなくなってしまう可能性があります。

○自己決定の原則（クライエントの自己決定を促して尊重する）

子どもの言動や自由な遊びは、その子ども自身のものです。子どもたちが

自分の意志で、目の前の行動を決定できるよう支援していくことが必要です。また、保護者に対しても、保護者自身が自分の子どもに対して良いと思うことを選択し、決定できるように、さまざまな情報を提供しながら側面的に支援していくことが大切です。

○秘密保持の原則（秘密を保持して信頼感を醸成する）

これは、子どもやその家族に関する情報は決して他人に漏らしてはならないという考え方です。園の外でみだりに子どもや家族についての話をすることは、守秘義務違反になります。また、園の中でも送迎時などにはほかの保護者がいる可能性があるため、守秘義務のあるような事項について話したり、書類を見えるところに置かないなどの注意を払うことが必要です。

②ソーシャルワークの展開過程

ケースワークを例に、そのプロセスを見ると、以下のように展開されます。

> ①インテーク（初回面接）→②アセスメント（事前評価）→③プランニング→④インターベンション（介入）→⑤モニタリング（観察）→⑥評価→⑦終結→⑧アフターケア

①インテークは、クライエントと援助者が初めて会い、援助が開始される段階です。ここでは、クライエントの基本情報を確認し、クライエントの価値観を尊重しながら信頼関係（ラポール）を築くことが最も重要です。②アセスメントは、インテークにおいて把握した基本情報をもとにさらに詳しい情報の収集を行います。ここでは、クライエントのニーズを明確にして、それを共有します。③プランニングの段階では、アセスメントで明確となったニーズに基づいて支援計画を作成します。④インターベンションでは、プランニングで作成された計画を実際に援助やサービスとして実施します。⑤モニタリングとは、支援やサービスの利用についてや支援計画が円滑に実施されているかなどを観察しながら振り返る段階です。この段階で支援がクライエントのニーズに合っていない場合や新たな課題が出てきた場合は、アセスメントに戻って計画を立て直します。⑥評価では、支援目的が達成されているかを判断し、継続的に支援をするのか、⑦終結とするのかを決定します。生活課題は短期間で解決することが難しいため、終結となっても、⑧アフターケアなど、引き続き見守りや支援が必要です。

ソーシャルワークの展開過程全体を通しては、クライエントの価値観の尊重や自己決定、クライエント自らが問題解決に関与するような働きかけが重要となってきます。

Section 3　ソーシャルワークのモデルと視点

3分 Thinking

・保育士がソーシャルワークの視点を用いる際、どのような視点が大切になるか考えてみましょう。

1　さまざまな実践モデルとソーシャルワークの視点

要約 ▶ ソーシャルワークのモデルとして、1960年代ごろに医学モデルに代わって生活モデルが提唱されました。また、主なソーシャルワークの視点として、ストレングス、エンパワメント、アドボカシーがあります。

①医学モデルから生活モデルへ

　ソーシャルワークは、医学や精神分析学、心理学、社会学などに影響を受けて発展してきました。ソーシャルワークの理論は、リッチモンドの著作『社会診断』(1917年)、『ソーシャル・ケースワークとは何か』(1922年)によって理論化されました。このような初期のソーシャルワークにおいてのクライエントに対する視点は、フロイト(Freud, S.)の精神分析理論の影響を受けており、病理的視点や問題点などに焦点が置かれていました(医学モデル)。クライエント本人のいわば問題となるべき点に着目して、問題解決への援助や行動変容などのアプローチが行われていたのです。しかし、1960年代ごろ、医学モデルに対して、生活モデルが提唱されるようになり、クライエント本人の問題となるべき点への視点から人と環境との適合バランスが着目されるようになりました。このモデルは、生態学やシステム理論といった、人間だけではなく、人間を取り巻く環境や問題となる点を外側から見ようとする新たな理論に基づいたものでした。1980年に『ソーシャルワーク実践と生活モデル』を著したジャーメイン(Germain, C.)とギッターマン(Gitterman, A.)によって、生活モデルは体系化されています。

②ストレングス

　ストレングスとは、「長所・強さ」という意味です。課題を抱えたクライアントに対応するとき、援助者は問題点やその人の人間性に着目してしまいがちですが、ストレングス視点とは、人の長所や良い面に着目するという考え方です。この視点は、1992年にサリーベイ(Salleebey, D.)が著した『ソー

シャルワーク実践におけるストレングス視点』の研究に基づいたものです。

③エンパワメント

　エンパワメントとは、「人の持つ強さや力の可能性を引き出す」という意味です。1976年にソロモン（Solomon, B.）によって著された『黒人へのエンパワメント─抑圧された地域社会におけるソーシャルワーク─』によって、ソーシャルワークにその概念が用いられました。社会的に抑圧されている人や脆弱な人などは、その環境では力を発揮できない状態（パワーレスネス）にありますが、そのような力のない状態ではなく、潜在化された力を引き出し、力を付けることを支援するとともに、社会的な問題をも解決していく一連の援助を指しています。

④アドボカシー

　アドボカシーとは、「権利擁護」や「代弁」と訳されます。社会的に弱い立場にある人やグループの権利を守る、権利を主張することが困難な人に代わって権利を主張することなどを指します。
　アドボカシーには、ケースアドボカシー（一人の人や一つのケースについての権利を守る）、クラスアドボカシー（集団やコミュニティの権利を守る）、セルフアドボカシー（当事者が自ら権利擁護の活動を行う）などがあります。

2　保育士に求められるソーシャルワークの視点

> **要約** ▶ 保育士はソーシャルワークの対象である子どもや保護者に対して、生活上の困難を抱えている背景や環境に着目して関わることが必要です。

　ソーシャルワークの対象は、生活課題を抱えるクライエントです。これは、保育に置き換えると子どもや保護者とその家族といえるでしょう。ソーシャルワークは、単に相談に乗ることのみを指すのではなく、クライエントに対する視点、関わり方や態度を重視しながら援助する専門的な技法です。ここでは、子どもらに対して、どのような視点を持つとよいのか見ていきます。

①クライエントを取り巻く環境に着目する視点

　先に学んだように、ソーシャルワークでは、クライエントの生活課題は、その人自身の性格や能力などの個人的な問題ではなく、その人と環境の不均衡がもたらした問題であると捉えます。
　不適切な養育や虐待をしてしまった保護者を例にあげてみましょう。子ど

も虐待は決して許されることではありませんが、この問題を捉えるにあたっては、その保護者が一方的に悪い親だからというのではなく、「何らかの理由で不適切な養育や虐待をしなければならなかった」という、適切な養育に対する均衡が崩れてしまった状態と捉えます。初めから、不適切な生活をしようとする保護者はいません。環境の変化のなかで対応する力が十分に発揮できない結果、不適切な方向へと変化していったのです。

このような人と環境が影響し合う交互作用の繰り返しの過程で生活は成り立っています。クライエントが十分な能力を発揮できるよう支援するためには、問題状況を把握し、環境を調整して、生活全体への視点を持った支援が必要になります。表面的な問題を重視するのではなく、生活の営みのなかでの課題解決に向けて、その人の持つ可能性や力にも着目することが重要です。

②クライエントとともに課題を解決していく視点

子どもの最善の利益を考慮するにあたっては、子どもだけではなく、その家庭に対してのアプローチも不可欠です。しかしながら、助言や指導は、ややもすると一方的なあるべき姿の押し付けになりがちです。そのため、生活困難な状態に陥っているクライエントの声に耳を傾け、クライエントとともに生活課題を解決していくという視点を忘れてはなりません。

③ソーシャルワークの機能を担っていく視点

厚生労働省は、「ソーシャルワークに対する期待について」のなかで、社会から求められているソーシャルワークの機能は「権利擁護・代弁・エンパワメント、支持・援助、仲介・調整・組織化、組織マネジメント・人材育成、社会開発・社会資源開発、福祉課題の普遍化」といえるのではないか、としています。さまざまな分野の複合的な課題に対する包括的な相談支援体制が求められ、受け手側と支える側が協同して課題を解決する地域共生社会[*4]の実現が目指されている現在、こうしたソーシャルワークの機能やそれを果たす援助者が今後も求められてくるでしょう。クライエント（子どもやその家庭）と直接関わることの多い保育士もその一翼を担っているといえます。

＊4　**地域共生社会**
p.183を参照のこと。

【参考文献】
●山辺朗子『ジェネラリスト・ソーシャルワークの基盤と展開―総合的包括的な支援の確立に向けて―』ミネルヴァ書房　2011年
●メアリー・E・リッチモンド、門永朋子・鵜浦直子・髙地優里訳『貧しい人々への友愛訪問―現代ソーシャルワークの原点―』中央法規　2017年

●学びを振り返るアウトプットノート

年 月 日( ) 第( )限　学籍番号＿＿＿＿＿＿＿　氏名＿＿＿＿＿＿＿＿＿＿＿＿＿

❖ この Chapter で学んだこと、そのなかで感じたこと（テーマを変更しても OK）

❖ 理解できなかったこと、疑問点（テーマを変更しても OK）

✣ＴＲＹしてみよう✣

1　「ケースワークの母」と呼ばれた（　　　　　　　　）は、慈善組織協会の活動をケースワークとして体系的・学問的に位置付けた。

2　直接援助技術は、ケースワークと（　　　　　　　　）から構成される。

3　バイスティックの7原則のうち、クライエントの言動について善悪の判断をしないという考え方を（　　　　　　　）の原則という。

コラム⑩ 「猫の恩返し」で考えよう

　この Chapter の学びに関連して覚えてほしい言葉があります。それは「セルフエスティーム」という言葉です。これは「他人と比較することなく、自分が尊い存在だと思うこと、思えること」を指します。日本語にすると「自己肯定感」です。ストレングス視点やエンパワメントアプローチは、このセルフエスティームを高めるための手段だと考えることができます。

　この言葉を考えるうえで、オススメの映画があります。2002（平成 14）年に公開されたスタジオジブリ製作の「**猫の恩返し**」です。主人公のハルは女子高生。遅刻したり、片思いの相手に恋人がいたり、ツイてない日常でした。そんなハルは、偶然車にひかれそうな猫を助けます。その猫はなんと、猫の国の王子さまでした。それからハルの身の周りにさまざまなことが起こります。ついには猫の国に連れていかれて王子さまと結婚する流れになってしまいます。困ったハルは突然聞こえたきれいな声のアドバイスで、猫の事務所を訪れます。そして、事務所の主、バロンと出会うのです。

　この「猫の恩返し」で、注目してほしいことの 1 つ目は、「ハルの気持ちがどのような変化をしていったか」ということです。何気ない日常から落ち込むことがあったハルが、エンディングでは凛とした佇まいに変わっています。これはハルが猫の国に連れていかれ、大変な思いをするのですが、それすらも「大切な時間」だと受け入れて前に進むことができたからです。これが「セルフエスティーム／自己肯定感」なのです。人は良いことばかり経験するわけではありませんし、つらい思いをすることもあります。それでもハルはエンディングのカッコいい姿になることができました。

　では、なぜハルはつらい経験も苦い記憶も受け入れられたのでしょうか？　それが注目してほしいことの 2 つ目、「バロンたちの関わり方」です。確かにバロンたちはハルを助けるために奔走します。しかし、大切なことはどうしたいかを「誰が決めていたのか」です。それはハル自身です。ハルが「自分の時間」を自分で選び、生きようとしたこと、そしてそれを支えたバロンたちの関わり、このハルとバロンたちの相互作用によって、ハルは"ツイてない日常に、何気ない日常に落ち込む自分"から脱却することができた！　これがエンパワメントアプローチの一つの形なのだと思います。

　最後に、劇中のハルのセリフを紹介します。「私、間違ってなんかいなかった。猫を助けたことも、悩んで苦しんだことも、大切な自分の時間だったんだ！」

　詳しい物語については、是非 DVD 等でご覧ください。

［1］リッチモンド　［2］グループワーク　［3］非審判的態度

163

Chapter 11 福祉サービスの利用支援と権利擁護

●イメージをつかむインプットノート

Section 1 「社会福祉における利用者支援」のアウトライン

　利用者が福祉サービスを安心して利用できるようにするための支援について理解します。福祉サービスを提供する者は、利用者に対し、福祉サービスの仕組みや内容をわかりやすく説明したうえで、手続き、契約ができるように支援していくことが大切です。また、福祉サービスの利用を通じて、利用者の望む生活を実現していく支援が求められます（p.166）。

Keyword

☑ 福祉サービスを利用した暮らし
☑ 情報提供という支援
☑ 相談支援体制

Section 2 「利用者の権利を擁護する - 権利擁護・苦情解決・第三者評価 -」のアウトライン

　福祉サービス利用者と提供者との対等な関係を構築していくために、「苦情解決」や「第三者評価」といった仕組みがあります（p.169）。

Keyword

☑ 福祉の権利保障
☑ 苦情解決
☑ 第三者評価

第三者評価によって福祉サービスの質の向上が図られています。

Section 3 「成年後見制度と日常生活自立支援事業」のアウトライン

　利用者が地域で安心して社会生活を営むための公的支援の一つとして成年後見制度、日常生活自立支援事業があります。どちらも利用者を守るための仕組みで、法律行為全般とともに日常的な生活のなかでの契約行為を支援するものであることを学びます（p.174）。

Keyword

☐ 成年後見制度 　　　☐ 日常生活自立支援事業
☐ 福祉サービス利用援助事業

社会福祉における利用者支援

3分 Thinking

• 私たちが普段の生活で買い物をする場面を想像してください。そのとき、商品を購入する際の判断材料をどのような手段を用いて得ていますか。

1 福祉サービスの利用支援

> **要約** 福祉サービスを提供する者は、福祉サービスの利用者に対し、その内容や程度について説明し、必要な契約ができるよう支援していくことが求められます。その際には、福祉サービスの一方的な押し付けにならないようにし、利用者自らの福祉サービスの選択・活用を通じて、自己が望む生活を営むことができるように支援していきます。

①福祉サービスの利用を支援する社会背景

1998（平成10）年に「社会福祉基礎構造改革について（中間まとめ）」が示され、措置制度を基本とした社会福祉の制度を抜本的に改革し、契約制度に基づく福祉サービスの利用が推進されることになりました[*1]。これによって、利用者自身を生活の中心に据え、利用者自らが福祉サービスを選択、活用しながら自己が望む生活を営むことができるようになりました。

これらの社会背景をもとにして公的制度が身近なものとして拡充していき、制度の名称や概要等が変化し現在に至っています。主なものとして、高齢者に対する介護保険制度や障害児・者に対する自立支援制度、保育所の利用支援制度等があげられます。なお、福祉サービスを提供する者に対しては、利用者が福祉サービスを安心して利用できるようにするための支援に取り組むことが求められています。

> *1
> 社会福祉基礎構造改革については p.48、措置制度、契約制度については p.49 を参照のこと。

②福祉サービスの利用を支援する支援者の基本的態度

福祉サービスを必要とする方がサービスを利用し、自己が望む生活を実現できる社会であることは大切なことですが、同時に、契約制度に移行するなかで、利用者には福祉サービスの内容を理解し、契約等の手続きをする能力が求められるようになりました。利用者のなかには、高齢や障害等のためにサービス内容を理解することが困難な状況にある方や、貧困などを起因として情報を得ることやそれを活用することが困難となっている方もいます。そ

のため、福祉サービスを利用するにあたっての支援が求められるようになりました。

　こうしたことから、支援者は利用者が福祉サービスを安心して利用することができるような支援体制を整備していく必要があること、そして、社会福祉の専門職として福祉サービスの内容や程度の理解、契約を含む手続きの進め方等の知識を備える必要があります。そのため、介護や保育等における直接的な利用者支援に加えて、福祉サービスを利用しやすい環境づくりにも目を向けていくことが重要です。

　福祉サービスを利用する主体は利用者自身であり、個々の生活に即した支援でなければなりません。このことをまず理解することが、利用者の願う生活の実現に向けた支援の一歩となります。

2　情報提供

> **要約** ▶ 支援者は、福祉サービスに関する情報を利用者へわかりやすく伝える必要があり、提供するサービスは、利用者の意向に寄り添い、身体状況、精神状況、社会状況が十分に反映されたものでなければなりません。このことは、社会福祉法にも位置付けられています。

①情報の重要性

　日常生活において自らの生活に不安を抱えている方は多くいます。そのようななか、特に福祉サービスを必要としている方は、物的・人的・社会的に情報と結び付いていない、情報を得にくい環境で生活を営んでいることがあります。このように、当事者が要支援の環境下にある場合は、利用者の希望や生活状況を理解し、適切な情報を提供していくことによって、利用者が少しずつ将来の生活に向き合うことができるようになっていきます。そのため、適切な情報を提供するという関わりは、利用者の個人の尊厳や自分らしい生活の営みの保障につながっていくものであると理解しておく必要があります。

②社会福祉法による福祉サービス利用の支援

　福祉サービスの利用支援については、「社会福祉法」において規定されています。法律の内容を理解していく前提として、福祉サービスを提供する事業者と利用者が対等な立場であるという認識が重要です。

○情報提供という支援

　社会福祉法第75条において「社会福祉事業の経営者は、福祉サービスを利用しようとする者が、適切かつ円滑にこれを利用することができるように、

その経営する社会福祉事業に関し情報の提供を行うよう努めなければならない」としています。さらに、同条第2項では、国および地方公共団体に対して、「福祉サービスを利用しようとする者が必要な情報を容易に得られるように、必要な措置を講ずるよう努めなければならない」と定めています。

○説明と同意を得る支援

社会福祉法第76条において「利用契約の申込み時の説明」、第77条において「利用契約の成立時の書面の交付」について規定されています。

「利用契約の申込み時の説明」では、福祉サービスの提供者がどのようなサービスを提供するのか、費用はどの程度かかるのか、サービス回数等について説明し、利用者が納得・安心して契約できるようにしなければならないとされています。

また、「利用契約の成立時の書面の交付」では、サービス提供の契約が締結したのち、速やかに契約内容を記した書面を交付しなければならないとされています。

③相談支援体制の充実

情報提供のための相談支援体制は、主として分野に応じて整えられています（表11−1）。また、最近では分野を横断し対応する機関や、連携によるきめ細やかな相談支援体制の構築を目指す動きが活発化しています。

なお、相談支援体制の充実にあたって各種機関は、昨今インターネットを利用した発信を積極的に行うようになっており利便性は向上していますが、情報が更新された場合には修正する等の情報管理が求められるようになっています。

表11−1　主な相談窓口

分野	窓口
子ども家庭福祉	保育所、乳児院、児童養護施設、児童相談所、児童家庭支援センター、こども家庭センター^注等
障害児・者福祉	障害児入所施設、障害者支援施設、地域活動支援センター、児童相談所等
高齢者福祉	介護老人福祉施設、地域包括支援センター等
生活困窮者福祉	福祉事務所、社会福祉協議会等
女性福祉	女性相談支援センター^注等
地域福祉	社会福祉協議会等

注　：それぞれ「旧・母子健康包括支援センター（子育て世代包括支援センター）」「旧・婦人相談所」から改称された機関になります（児童福祉法等の2022［令和4］年の改正、2024［同6］年4月1日施行：p.61を参照）。

Section 2　利用者の権利を擁護する　－権利擁護・苦情解決・第三者評価－

3分 Thinking

・福祉サービス利用者の「権利」を守っていく（権利擁護）うえで、何が大切なのか考えてみましょう。

1　福祉サービス利用者の権利

要約 ▶ 福祉サービス利用者の基本的な権利には、「生存権」と「自由権」があります。これらの権利は、利用者の意思の尊重や自立的な社会生活の実現に欠かせません。

①福祉の権利

　1990年代後半からの社会福祉基礎構造改革により、利用者本位の福祉サービスへの転換が進むなか、利用者の権利擁護、福祉サービスの質の確保、情報開示など、利用者支援の仕組みの充実・強化が求められるようになりました。つまり、福祉サービス利用者の権利とは、こうした利用者本位の支援の一環として、高齢者や障害者、子ども、貧困層などの福祉サービスを必要とする人が、利用する福祉サービスとの関係において認められているさまざまな権利のことを指します。社会福祉の領域では、「生存権」や「自由権」の考え方が中心となり、これらを「福祉の権利」として認めています。

②福祉の権利を構成する「生存権」と「自由権」

　Chapter 3でも学びましたが、「生存権」とは、日本国憲法第25条でも示されている通り、国民一人ひとりが健康で文化的な最低限度の生活を送ることができる権利のことをいいます。こうした、国民一人ひとりの生活を保障していくために、国は経済的に支援をするほか、自立に必要な支援をすることになります。生活保護制度は、この生存権を具現化した福祉サービスとなっています。

　「自由権」とは、憲法における基本的人権の一つで、個人の自由な意思決定とその活動（行動する、行動しないも含む）を確保するための権利のことをいいます。例えば、高齢や障害、病気などによって身体が不自由となり、日常生活において介護や何らかの支援が必要な状態になったとしても、自らの生活を「こうしてほしい」や「これはしたくない」などのように意思決定（自己決定）

していくことで、自分が送りたい生活の仕方を自由に選択することが可能となります。自由権には、ほかにも精神的自由（思想・良心の自由、信教の自由、学問の自由、表現の自由）、経済的自由（職業選択の自由、財産権）、人身の自由（不当に身体の拘束を受けない自由）に分けることができます。

③福祉サービスの基本的理念と原則

前述したように、生存権や自由権のような個人が望む生活様式を選択できる環境を保障していくことは、利用者の主体性の尊重や自立的な社会生活の実現にもつながっていきます。このことは、福祉サービスの基本的理念とも関係しており、福祉サービスの基本的な理念を定めた社会福祉法第3条においても、「福祉サービスは、個人の尊厳の保持を旨とし、その内容は、福祉サービスの利用者が心身ともに健やかに育成され、又はその有する能力に応じ自立した日常生活を営むことができるように支援するものとして、良質かつ適切なものでなければならない」とされています。

また、福祉サービスを提供する際の原則としても「社会福祉を目的とする事業を経営する者は、その提供する多様な福祉サービスについて、利用者の意向を十分に尊重し、地域福祉の推進に係る取組を行う他の地域住民等との連携を図り、かつ、保健医療サービスその他の関連するサービスとの有機的な連携を図るよう創意工夫を行いつつ、これを総合的に提供することができるようにその事業の実施に努めなければならない」とし、同法第5条に規定されています。

繰り返しになりますが、このように福祉サービスの提供にあたっては、利用者の立場やその意思を尊重しながら、自立した日常生活が送れるよう十分に考慮していくことが求められます。

2　苦情解決

要約 ▶ 福祉サービス利用者等からの苦情を適切に解決していくことで、①利用者の権利（利益）を守る、②福祉サービスの質の向上や改善につながります。

社会福祉法第82条の規定によると、「社会福祉事業の経営者は、常に、その提供する福祉サービスについて、利用者等からの苦情の適切な解決に努めなければならない」とされています。また、第83条の規定には「福祉サービスに関する利用者等からの苦情を適切に解決するため、都道府県社会福祉協議会に、人格が高潔であつて、社会福祉に関する識見を有し、かつ、社会福祉、法律又は医療に関し学識経験を有する者で構成される運営適正化委員

会を置くものとする」とあります。つまり、苦情解決とは、提供されている福祉サービスに対して、利用者やその家族等の苦情や意見などを受け付け、適切に解決していくための仕組みのことをいいます。

　こうした苦情解決にあたっては、福祉サービスを提供する事業者から「苦情解決責任者（施設長や理事など）」や「苦情受付担当者（課長や主任などの職員）」を選任するほかに、福祉サービスを提供する事業者と直接的に関係のない「第三者委員（評議員や監事など）」を設置することになっています。また、福祉サービスを提供する事業者において解決が図られない場合や申し出ることが難しい場合には、都道府県社会福祉協議会に設置されている「運営適正化委員会」に申し出ることもできます。

　苦情解決の手順やその流れとしては、「①苦情の受付→②苦情受付の報告・確認→③苦情解決に向けての話し合い→④苦情解決の記録・報告→⑤解決結果の公表」となります。

　写真11－1は、ある障害者支援施設における苦情解決に関する案内の様子です。施設の入口や事務所の窓口といった多くの利用者やその家族等の目に付きやすい場所にポスターなどを掲示しています。また、写真11－2は、苦情受付箱の様子です。受付箱の上には「施設サービス等についてお気付きのことがあれば、どんなに小さなことでもお伝えください」という説明書きを掲示しており、苦情解決への周知を図っています。

　写真11－3は、ある児童養護施設における苦情受付（意見）箱の設置の様子ですが、写真11－2の障害者支援施設の苦情受付箱の設置状況とは少し異なっています。例えば、設置場所を子どもの生活の場であるリビングルームにしたり（写真ではテレビの下）、その名称も「アイデアボックス」としたりするなど、子どもが意見を言いやすいよう、環境へのさまざまな工夫や配慮がなされています[2]。

＊2
2022（令和4）年の児童福祉法の改正により、社会的養護にかかる子どもの権利擁護の環境整備が都道府県等の業務として位置づけられました。2024（同6）年4月から一時保護施設や里親家庭、児童養護施設等での生活上の悩みや不満等といった子どもの思いを関係機関に対し表明することを支援する「意見表明等支援員」が、子どもの求めに応じるほか、定期的に訪問することになりました。意見表明等支援員は、児童相談所等の行政組織から独立した立場の専門職であり、都道府県等は、意見表明等支援に関する研修等の実施に加え、実際の面談内容を検証する体制と必要な改善策につながる体制の整備などを行います。

写真11－1
苦情解決の案内

写真11－2
苦情受付箱

写真11－3　意見箱

こうした取り組みをしていくうえで心がけるべきことは、利用者等の立場を常に意識し、自ら（福祉サービス事業者）が課題解決に取り組んでいく積極的な姿勢です。そして、福祉サービスを提供する保育所・幼保連携型認定こども園も例外ではありません。こうした姿勢について、全国保育士会倫理綱領には「私たちは、日々の保育や子育て支援の活動を通して子どものニーズを受けとめ、子どもの立場に立ってそれを代弁します。また、子育てをしているすべての保護者のニーズを受けとめ、それを代弁していくことも重要な役割と考え、行動します」と示されています。

3　第三者評価

> **要約**　福祉サービスにおける評価の仕方には、自己評価以外にも第三者による「福祉サービス第三者評価事業」というものがあります。

①福祉サービスの第三者評価

　社会福祉法第78条の第1項では、福祉サービスの質の向上のための措置等について、「社会福祉事業の経営者は、自らその提供する福祉サービスの質の評価を行うことその他の措置を講ずることにより、常に福祉サービスを受ける者の立場に立つて良質かつ適切な福祉サービスを提供するよう努めなければならない」と規定されています。つまり、福祉サービス利用者等からの苦情を受け付けるという「待ちの姿勢」ではなく、常に利用者等の立場を考えながら、自ら福祉サービスの改善や質の向上を図っていくことが大切です。そのための方法としては、自らが提供する福祉サービスの評価を行う自己評価はもちろんのことですが、外部の第三者による評価を受けることも有効な方法として考えられています。

　第三者評価にあたっては、「福祉サービス第三者評価事業」として都道府県において実施することが一般的になっています。具体的には、各都道府県が「都道府県推進組織」を設置し、第三者評価基準の策定、評価調査者の養成、評価機関の認証、評価手法の策定、評価結果の公表を行います。福祉サービス事業者に対する調査および評価については、この都道府県推進組織の認証を受けた「第三者評価機関」が実施することになります（図11-1）。

　第三者評価基準の項目は、「共通評価基準」と「内容評価基準」で構成されています。共通評価基準は、子ども・障害者・高齢者分野等のすべての福祉施設・事業者が共通的に取り組む事項について評価する内容になっています（45項目）。

その評価の内容とは、「Ⅰ福祉サービスの基本方針と組織」「Ⅱ組織の運営管

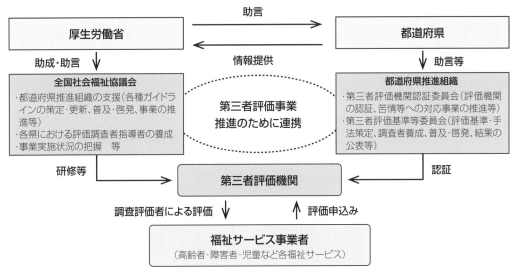

図 11 − 1　福祉サービス第三者評価事業の推進体制

出典：　全国社会福祉協議会『福祉サービスの第三者評価　受け方・活かし方—保育所版—』日本印刷　2016 年　p.8

理」「Ⅲ適切な福祉サービスの実施」の３つに分けられています。そして、内容評価基準は、子ども童・障害者・高齢者福祉等の福祉施設・事業者の種別や専門性に関して、その福祉サービスの実施状況を評価する内容となっています。保育所においては、①保育内容、②子育て支援、③保育の質の向上、に関する 20 項目が設定されています。

②社会的養護関係施設における福祉サービスの第三者評価

　福祉サービス第三者評価事業は、社会福祉事業の経営者が任意で第三者評価を受ける仕組みとなっています。しかし、社会的養護関係施設においては、そもそも子どもが施設を選ぶ仕組みになっておらず、また、施設長による親権代行等の裁量規定があることから、子どもの側の視点に立った施設運営が重要になってきます。このため、「児童福祉施設の設備及び運営に関する基準」において、社会的養護関係施設については「自らその行う業務の質の評価を行うとともに、定期的に外部の者による評価を受けて、それらの結果を公表し、常にその改善を図らなければならない」として、第三者評価の受審（3年に1回）とその結果の公表を義務付けています。

　社会的養護関係施設の第三者評価の結果については、全国社会福祉協議会のホームページ（http://shakyo-hyouka.net/）から誰でも自由に閲覧することが可能になっています。

成年後見制度と日常生活自立支援事業

3分 Thinking

・障害、加齢等による心身機能の低下によって日常の生活で契約行為が困難になった場合、どのような支援が必要になるか考えてみましょう。

1　成年後見制度と日常生活自立支援事業の役割

> **要約** 　認知症、知的障害、精神障害等で判断能力が不十分な方を支援する制度として「成年後見制度」と「日常生活自立支援事業」があり、どちらも利用者の契約行為を保護するものです。

認知症、知的障害、精神障害等で判断能力が不十分な方を支援する制度として「成年後見制度」と「日常生活自立支援事業」があります。この2つの制度は類似していますが、成年後見制度は、財産管理や身上監護に関する契

表 11 － 2　成年後見制度と日常生活自立支援事業の比較

	成年後見制度	日常生活自立支援事業
対象	認知症高齢者、知的障害者、精神障害者等	
	判断能力が不十分な方（補助・保佐）、判断能力がまったくない方（後見）	判断能力がまったくない方は対象にならない
支援内容	重要な法律行為（財産管理を通じて）	日常的な法律行為
所轄庁	法務省	厚生労働省
法律	法定後見制度：民法 任意後見制度：任意後見契約に関する法律	社会福祉法 ※社会福祉法による事業名は「福祉サービス利用援助事業」
支援者	成年後見制度：補助人、保佐人、後見人 任意後見制度：任意後見人	専門員、生活支援員
相談機関	弁護士、司法書士、社会福祉士等	市区町村社会福祉協議会
申し込み時の費用	申立者負担	無料
利用時の費用	本人の収入に応じた負担（家庭裁判所が決定）	本人負担（生活保護世帯は無料）
監督機関	家庭裁判所、後見監督人、補助監督人、保佐監督人、任意後見監督人	運営適正化委員会（都道府県社会福祉協議会に設置）

約等の法律行為全般の支援を行う制度です。例えば、福祉施設の入退所の手続き、不動産の売却や遺産分割の手続き等があります。また、日常生活自立支援事業は、日常的な生活のなかで行う金銭等の管理を支援する制度です。例えば、福祉サービスの利用申し込みや契約手続き、日常生活に必要なお金の出し入れ等を行います（表11－2）。

　基本的な考え方としては、成年後見制度を補完するものとして日常生活自立支援事業があります。ただし、利用者の利益のため、日常生活自立支援事業による支援が必要不可欠な場合は、成年後見制度を利用していても合わせて日常生活自立支援事業を利用することができます。

2　成年後見制度の仕組み

> **要約** ▶ 成年後見制度は、大きく分けると「法定後見制度」と「任意後見制度」の2つの制度があり、判断能力の状態によって支援の取り組みが異なります。

　成年後見制度は、大きく分けると「法定後見制度」と「任意後見制度」の2つの制度があります。

　法定後見制度は、判断能力が不十分な方を支援するものです。任意後見制度は、判断能力が不十分になったときに備えて、自ら選んだ人と事前に財産管理と身上監護に関する支援について契約をしておくものになります。なお、法定後見制度では、利用者の判断能力が不十分になったのち、家庭裁判所に

表11－3　法定後見制度の3種類

	補助	保佐	後見
対象となる方	判断能力が不十分な方	判断能力が著しく不十分な方	判断能力がまったくない方
成年後見人等が同意または取り消すことができる行為[注1]	申立てにより裁判所が定める行為[注2]	借金、相続の承認など、民法第13条第1項の行為のほか、申立てにより裁判所が定める行為	原則としてすべての法律行為
成年後見人等が代理することができる行為[注3]	申し立てにより裁判所が定める行為	申し立てにより裁判所が定める行為	原則としてすべての法律行為

注1：成年後見人等が取り消すことができる行為には、日常生活に関する行為（日用品の購入など）は含まれません。
注2：民法第13条第1項記載の行為（借金、相続の承認や放棄、訴訟行為、新築や増改築など）の一部に限ります。
注3：本人の居住用不動産の処分については、家庭裁判所の許可が必要となります。

出典：家庭裁判所『成年後見制度―利用をお考えのあなたへ―』p.6を一部改変

よって、成年後見人等が選ばれることになります。本人の判断能力に応じて「補助」「保佐」「後見」の３つの類型に分けられます（表11-3）。

　後見人等になるために特別な資格はありませんが、実際には、弁護士、司法書士、行政書士、社会福祉士、税理士等が対応しています。そのほか、専門職でなくても本人を身近に支援できる人として、親族がなることもできます。

3　日常生活自立支援事業の仕組み

要約 ▶ 日常生活自立支援事業は、福祉サービスの利用支援や日常的な金銭の管理などを行うものです。

①日常生活自立支援事業の内容

＊3　**第２種社会福祉事業**
p.44 を参照のこと。

　第２種社会福祉事業 ＊3 の一つである「福祉サービス利用援助事業」として規定され（社会福祉法第２条第３項第 12 号）、利用者の利益保護を図る仕組みの一環として取り組まれるものです。国庫補助事業上の事業名は「日常生活自立支援事業」であり、地域において安心して自立した生活が送れるよう福祉サービスの利用支援等を行います（表11-4）。ただし、本事業を理解し、契約できる程度の能力を有する方が対象となります。

　なお、日常生活自立支援事業の契約に結び付く事柄以外にも事前の問い合わせ等に関して丁寧な相談支援が行われます。必要に応じて各種福祉サービスにつなげることはもちろんですが、契約に結び付かなくても日常生活に対する心配事に対しても関わりを持つように取り組まれています。

表11-4　日常生活自立支援事業の主な内容

福祉サービスの利用支援	福祉サービスを安心して利用できるよう相談に応じる ・福祉サービスの利用のための情報提供 ・福祉サービスを利用する（やめる）ための手続き ・福祉サービスについての不満に対して、苦情解決制度を利用する手続き
日常的な金銭の管理	毎日の生活に必要なお金の出し入れ ・生活費の定期的な引き出し、管理 ・福祉サービスの利用費や家賃、医療費等の支払いの支援 ・年金や福祉手当等の受領の支援
重要な書類等の管理	重要な書類や印鑑、証書等を安全に保管 ・年金手帳・証書、預貯金通帳、キャッシュカード、印鑑等
定期的な訪問による生活変化の把握	安否確認、見守り支援を行う ・訪問による安否確認を行い普段の生活と変わりがないか把握

②日常生活自立支援事業の実施主体等

〇実施主体（サービス提供者）

　実施主体は、都道府県・指定都市社会福祉協議会です。具体的なサービスは、都道府県社会福祉協議会等から委託を受けている市区町村社会福祉協議会（基幹的社会福祉協議会）が担っています。相談等を主として担当する「専門員（原則常勤）」と実際のサービスを担当する「生活支援員（非常勤）」が配置され、支援が行われています。

〇契約と利用料

　本人の意思決定に基づき、本人の居住する地域を管轄する市区町村社会福祉協議会（基幹的社会福祉協議会）と契約をします。

　相談に係る費用は無料です。契約後のサービス利用については実施主体の定める利用料を利用者が負担することになっています（訪問1回あたり1,000～1,500円程度）。ただし、生活保護受給世帯は無料です。

〇利用の流れ

　図11－2において、本人（家族、民生委員・児童委員等）による相談受付か

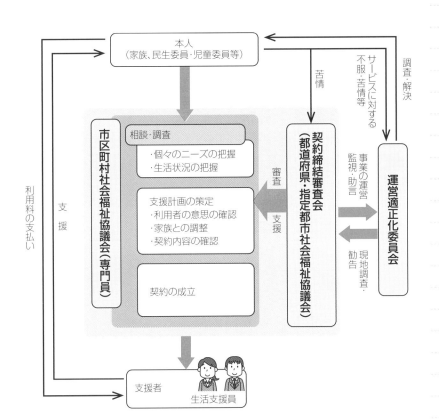

図11－2　日常生活自立支援事業の仕組み

ら支援、費用の支払い、サービスに対する不服・苦情等の受付の流れを示しています。

〇契約締結審査会

契約締結に関して利用者の判断能力に疑義がある場合に、専門的な見地から判断能力の有無の判断を行うとともに、支援の必要性や支援の留意点について助言します。

〇運営適正化委員会

Section 2 で学んだように、苦情に対する解決を行うほか、事業の透明性や公平性を担保し、安心して利用できるように第三者で構成され、事業運営全体の監視を行います。

【参考文献・参考ホームページ】

Section 2
- 厚生労働省通知「社会福祉事業の経営者による福祉サービスに関する苦情解決の仕組みの指針について」2000 年
- 全国社会福祉協議会『福祉サービスの第三者評価　受け方・活かし方―保育所版―』日本印刷　2016 年
- 厚生労働省通知「社会的養護関係施設における第三者評価及び自己評価の実施について」2018 年

Section 3
- 松江市社会福祉協議会ホームページ「日常生活自立支援事業」
  http://www.shakyou-matsue.jp/business/seikatsu_shien/ns_jiritsushien.html
  （2023 年 11 月 30 日閲覧）
- 福岡県社会福祉協議会「日常生活自立支援事業のご案内」

●学びを振り返るアウトプットノート

年　月　日（　）第（　）限　　学籍番号........................ 　氏名...

✤ この Chapter で学んだこと、そのなかで感じたこと（テーマを変更しても OK）

✤ 理解できなかったこと、疑問点（テーマを変更しても OK）

✤ＴＲＹ し て み よ う✤

1 福祉サービスの利用の支援において、社会福祉法第 77 条では「利用契約の成立時の（　　　　）の交付」について規定している。

2 福祉サービス事業者に対する評価としては、自己点検による自己評価と第三者による（　　　　　　　　　　　）がある。

3 認知症、知的障害、精神障害などで判断能力が不十分な方に、福祉サービスの利用支援や日常的な金銭の管理などを支援する制度として（　　　　　　　　　）事業がある。

4 成年後見制度は、大きく分けると法定後見制度と（　　　　　）制度の２つの制度がある。

○ コラム⑪ より良い福祉サービスの構築を目指して ○

　福祉サービスは、子どもやその保護者、高齢者、障害児・者をはじめ、日常生活に何らかの問題や課題を感じているすべての方々がその利用対象者となります。そのような人たちの利用を促すとともに権利を守り、より良いサービスを提供していくために利用者保護制度はあります。

　福祉サービスを必要とする人のなかには、自分の思いやニーズを表現することが難しい方もいます。そのようなとき、成年後見制度が利用されることがあります。この制度に関しては、裁判所のホームページ内にある**「後見ポータルサイト」**においてわかりやすく解説されており、後見人とは何か、その手続きや仕事内容、責務等を映像を通しても学ぶことができます。さらに、制度活用を考えている利用者向けの情報も充実しています。

　また、支援者には、利用者自身が抱えている問題や課題を解決するために利用可能なサービスや社会資源、利用方法などの情報を提供することが求められます。ただし、福祉サービスは法改正や国の施策に影響されやすいという一面を持っているため、社会の動きにアンテナを張りめぐらせ、常に最新の情報を手に入れるよう心がけることが大切です。独立行政法人福祉医療機構が運営するウェブサイト**「WAM NET（ワムネット）」**は、介護・福祉・医療全般に関する情報サイトです。特に行政情報を得るために利用する方が多いようです。上手に活用していきましょう。

　さて、福祉サービスは、さまざまな場所や人によって提供されています。そのため、提供者によっては、サービスの質が望ましいものではなく、利用者の人権を脅かしている状況を生み出している場合も少なくありません。全国社会福祉協議会の「苦情受付・解決の状況—令和4年度都道府県運営適正化委員会事業実績報告—」によると、苦情の種類で最も多いものは「職員の接遇」であり、なかでも「関わり方、対応」の割合が高いです。しかし、このような苦情は、普段からの利用者との関わりによって深刻な状況になることを回避することができますし、良い関係性のなかでは苦情まで至らないケースも多々あります。相談援助の技術等を駆使し、信頼関係の構築に努めることが何より大切になります。それでも苦情が出た場合は、より良いサービスへとつながるものとして捉え、迅速かつ丁寧に対応することが求められます。

　さらに、自己評価や第三者による評価を積極的に取り入れていくことで、より質の高いサービス提供が可能となります。

① 雇用 ② 福祉サービス第三者評価事業 ③ 日常生活自立支援事業 ④ 任意後見

Chapter 12 社会福祉の動向と課題
－日本の地域福祉、諸外国の子ども・子育て支援の視点から－

●イメージをつかむインプットノート

Section 1 「地域福祉の推進」のアウトライン

「地域福祉」にかかる近年の取り組みから社会福祉の動向について見ていきます（p.182）。

Keyword

☐ 新しい福祉の提供ビジョン
☐ 共生型社会
☐ 「我が事・丸ごと」の 地域福祉推進

Section 2 「諸外国の社会福祉の動向―子ども・子育て支援を中心に―」のアウトライン

諸外国との比較から、日本の社会福祉の動向について考えてみましょう。そして私たちがより良い生活をしていくためには何が必要なのかを学びます（p.188）。

Keyword

☐ 海外の合計特殊出生率の動向
☐ 海外諸国の家族政策
☐ 家族政策のための財源

地域福祉の推進

3分 Thinking

・地域福祉と聞いてどのようなことをイメージしますか。

1 「地域共生社会」の実現に向けた取り組み

要約 　地域共生社会とは、地域住民や多様な主体の参画のもと、人々がさまざまな生活課題を抱えながらも住み慣れた地域で自分らしく暮らしていけるよう、地域住民等が支え合い、一人ひとりの暮らしと生きがい、地域をともに創っていくことのできる社会をいいます。

①福祉サービスの現状と課題

　　Chapter 1で学んだように、少子高齢化や核家族化の進行、人口減少、地域のつながりの希薄化など、地域社会を取り巻く環境の変化により、国民の抱える福祉ニーズが多様化・複雑化しています。これらの課題を解決するため、厚生労働省は、2015（平成27）年に「誰もが支え合う地域の構築に向けた福祉サービスの実現―新たな時代に対応した福祉の提供ビジョン―」を発表しました。

　　そこでは、福祉サービスの現状と課題として、「家族・地域社会の変化に伴い複雑化する支援ニーズへの対応」「人口減少社会における福祉人材の確保と質の高いサービスを効率的に提供する必要性の高まり」「誰もが支え合う社会の実現の必要性と地域の支援ニーズの変化への対応」があげられています。以下では、その概要を簡単に解説します。

○家族・地域社会の変化に伴い複雑化する支援ニーズへの対応

　　日本の福祉サービスは、これまで、高齢者分野、子ども・家庭福祉分野、障害者福祉分野など、対象ごとに制度・サービスが「縦割り」で整備され、支援の充実・発展が目指されてきましたが、多様化・複雑化した課題を持つ世帯など、「縦割り」で整備された制度だけでは対応困難なケースが見られることが述べられています。

　　そのうえで、こうした課題に対して、地域全体で支える力を再構築することが求められることや、分野を問わず包括的に相談・支援を行うことを可能とすることの必要性が述べられています。

〇人口減少社会における福祉人材の確保と質の高いサービスを効率的に提供する必要性の高まり

①高齢化率は 2042（令和 24）年まで上昇し続けると予測されており、高齢者介護に関する福祉サービスを必要とする人が増え続けること、②複雑化する支援ニーズに対応するためにより多くの専門性を有した福祉人材を確保することが必要となるが、少子高齢化が急速に進展しているため、日本全体の労働人口は減少し続けており、福祉分野においても必要な人材が確保できずに、人手不足となっていることが述べられています。

そのうえで、効果的・効率的なサービス提供体制について検討するとともに、キャリアのあり方を含めた福祉人材の活用についても検討を重ねることの必要性が述べられています。

〇誰もが支え合う社会の実現の必要性と地域の支援ニーズの変化への対応

日本は世界有数の経済先進国であるとともに健康長寿国であるため、これまで以上に、高齢者、障害者、児童、生活困窮者等、すべての人々がともに生き生きと生活を送ることができ、また、地域において人々が活発に交流・活動する共生社会を実現していくためのまちづくりが求められていることが述べられています。

そのうえで、誰もが支え、支えられる社会の実現を目標にしながら、必要とされる福祉のサービス提供体制のあり方を確立していくことの必要性が述べられています。

②地域共生社会の実現に向けた改革

その後、2016（平成 28）年 6 月に閣議決定された「ニッポン一億総活躍プラン」においては、施策の方向性として「地域共生社会の実現」が盛り込まれました。地域共生社会とは、制度・分野ごとの「縦割り」や「支え手」「受け手」という関係を超えて、地域住民や多様な主体の参画のもと、人々がさまざまな生活課題を抱えながらも住み慣れた地域で自分らしく暮らしていけるよう、地域住民等が支え合い、一人ひとりの暮らしと生きがい、地域をともに創っていくことのできる社会をいいます。

2017（平成 29）年 2 月には、厚生労働省の「我が事・丸ごと」地域共生社会実現本部が「『地域共生社会』の実現に向けて（当面の改革工程）」を取りまとめ、その具体化に向けた改革を進めています。そして、その改革においては、「公的支援の『縦割り』から『丸ごと』への転換」「『我が事』・『丸ごと』の地域づくりを育む仕組みへの転換」という方向性が打ち出され、改革の骨格として、「地域課題の解決力の強化」「地域を基盤とする包括的支援の強化」「地域丸ごとのつながりの強化」「専門人材の機能強化・最大活用」が示され

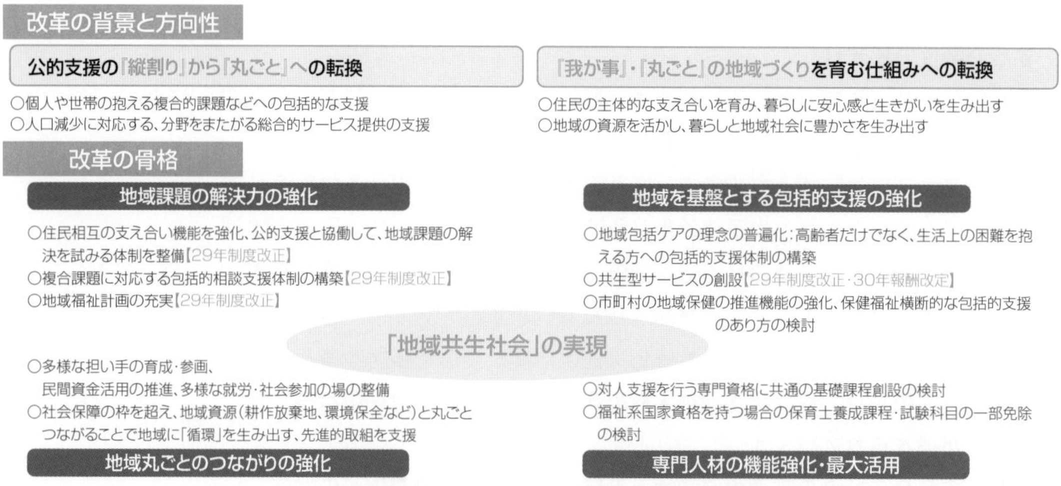

改革の背景と方向性

公的支援の「縦割り」から「丸ごと」への転換

○個人や世帯の抱える複合的課題などへの包括的な支援
○人口減少に対応する、分野をまたがる総合的サービス提供の支援

「我が事」・「丸ごと」の地域づくりを育む仕組みへの転換

○住民の主体的な支え合いを育み、暮らしに安心感と生きがいを生み出す
○地域の資源を活かし、暮らしと地域社会に豊かさを生み出す

改革の骨格

地域課題の解決力の強化

○住民相互の支え合い機能を強化、公的支援と協働して、地域課題の解決を試みる体制を整備【29年制度改正】
○複合課題に対応する包括的相談支援体制の構築【29年制度改正】
○地域福祉計画の充実【29年制度改正】

地域を基盤とする包括的支援の強化

○地域包括ケアの理念の普遍化：高齢者だけでなく、生活上の困難を抱える方への包括的支援体制の構築
○共生型サービスの創設【29年制度改正・30年報酬改定】
○市町村の地域保健の推進機能の強化、保健福祉横断的な包括的支援のあり方の検討

「地域共生社会」の実現

○多様な担い手の育成・参画、民間資金活用の推進、多様な就労・社会参加の場の整備
○社会保障の枠を超え、地域資源（耕作放棄地、環境保全など）と丸ごとつながることで地域に「循環」を生み出す、先進的取組を支援

地域丸ごとのつながりの強化

○対人支援を行う専門資格に共通の基礎課程創設の検討
○福祉系国家資格を持つ場合の保育士養成課程・試験科目の一部免除の検討

専門人材の機能強化・最大活用

図12－1 「地域共生社会」の実現に向けた改革の方向性と骨格

出典：厚生労働省「『地域共生社会』の実現に向けて」を一部改変

ています（図12－1）。

③社会福祉法等の改正

　こうした流れのなかで、地域住民による支え合いと公的支援が連動した包括的な支援体制を構築するため、「地域包括ケアシステムの強化のための介護保険法等の一部を改正する法律」により、社会福祉法等が改正され、2017（平成29）年5月に成立しました。その内容は以下の通りです。

○「我が事・丸ごと」の地域づくり・包括的な支援体制の整備

　社会福祉法において、①「我が事・丸ごと」の地域福祉推進の理念が規定されるとともに、②市町村において図12－2のような包括的な支援体制づくりに努めることが明記されました。また、③地域福祉計画の充実についても明記されました。

○新たに共生型サービスを位置付け

　高齢者と障害児・者が同一事業所でサービスを受けやすくするため、介護保険と障害福祉の両方の制度に新たに共生型サービスが位置付けられました。

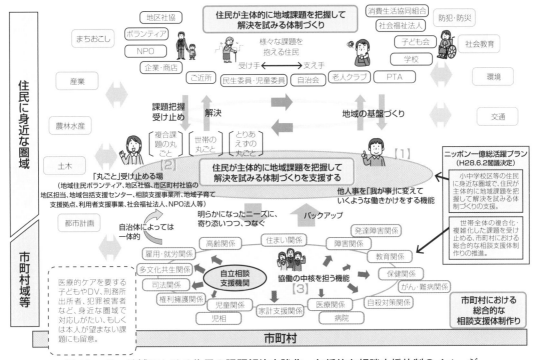

図 12 － 2　地域における住民の課題解決力強化・包括的な相談支援体制のイメージ

出典：厚生労働統計協会編『国民の福祉と介護の動向』厚生労働統計協会　2019年　p.219

2　地域福祉の担い手

要約 ▶ 地域福祉の担い手として、社会福祉協議会、NPO 法人、民生委員・児童委員など
が福祉課題の解決・改善を目指して活動しています。

①社会福祉協議会

　Chapter 4 でも学びましたが、社会福祉協議会は、地域福祉を推進するこ
とを目的とした営利を目的としない民間の組織です。社会福祉法に基づいて、
全国、都道府県および指定都市、市区町村の各段階で設置されています。

　社会福祉協議会は、社会福祉施設などにおける社会福祉従事者、民生委員・
児童委員、保健・医療・教育などの関係機関の協力のもと、地域の人びとが
住み慣れたまちで安心して生活できる「福祉のまちづくり」の実現を目指し
たさまざまな活動に取り組んでいます。

　具体的には、生活上の困りごとや心配事の相談支援、さまざまな福祉サー
ビスを利用するにあたっての相談支援、ボランティアや市民活動の支援、共
同募金運動への協力など、全国的な取り組みから地域の特性に応じた活動ま
で、さまざまな福祉活動に取り組んでいます。

②共同募金会

戦後間もない1947（昭和22）年に、民間の社会福祉施設などに対する資金援助を目的として始まった民間の募金活動が、1951（同26）年に社会福祉事業法（現・社会福祉法）によって共同募金として制度化されました。赤い羽根をシンボルとし、国民の間にも深く浸透しています。

共同募金は各都道府県の共同募金会が実施主体となり、都道府県の区域を単位として、毎年1回、厚生労働大臣が定める期間内に寄附金の募集が行われます。寄附金はその区域内における社会福祉事業、更生保護事業、そのほかの社会福祉を目的とする事業を経営する者に配分され、地域福祉推進のための財源として活用されています。

③ NPO法人

Chapter 4でも学びましたが、「NPO」は「Non-Profit Organization」の略称で、さまざまな社会貢献活動を行う非営利団体の総称です。NPO法人（特定非営利活動法人）とは、特定非営利活動促進法に基づき法人格を取得した法人をいいます。

NPO法人の活動分野は「保健、医療又は福祉の増進を図る活動」「まちづくりの推進を図る活動」などの20分野が定められています。

④民生委員・児童委員

民生委員は、民生委員法に基づき地域の社会福祉を増進することを目的として、市町村区域（特別区を含む）に置かれている民間の奉仕者をいいます。任期は3年で都道府県知事の推薦を受けて厚生労働大臣が委嘱します。その職務は、①住民の生活状態を必要に応じて適切に把握しておくこと、②援助を必要とする者の生活に関する相談に応じ、福祉サービスを適切に利用するために必要な情報の提供や援助をすることなどがあります。なお、民生委員は児童福祉法に基づく児童委員も兼務することになっています。

児童委員の職務は、市区町村区域内の児童や妊産婦について、①その生活と取り巻く環境を適切に把握すること、②保健・福祉に関するサービスを適切に利用するために必要な情報の提供や援助・指導を行うことなどがあります。

⑤ボランティア

ボランティア活動は、一般的には「自発的な意志に基づき他人や社会に貢献する行為」を指しており、活動の性格として、「自主性（主体性）」「社会性（連帯性）」「無償性（無給性）」などがあげられます。

　1995（平成7）年に起きた阪神・淡路大震災の支援活動によって国民のボランティア活動への関心が高まり、2011（同23）年の東日本大震災においても全国各地から多くのボランティアが支援に駆けつけました。

3　計画に基づく地域福祉の推進策

> **要約** ▶ 地域福祉を推進していくための計画として、「地域福祉計画」「地域福祉支援計画」「地域福祉活動計画」があります。

①計画に基づく地域福祉の推進

　地域で誰もがその人らしい生活を安心して送るためには、地域住民などの参画をもとにした地域福祉を推進していくことが必要になります。このような背景から、2000（平成12）年に改正された社会福祉法において地域福祉の推進が明確に位置付けられ、地域福祉計画に関する規定が設けられました。

　社会福祉法では、市町村が策定する「地域福祉計画」、都道府県が策定する「地域福祉支援計画」についての規定が設けられています（表11－1）。そして、2017（平成29）年の同法の改正により、2018（同30）年4月からはそれぞれの計画の策定について努力義務が課せられることになりました。そのほか、市区町村社会福祉協議会が、地域住民、地域において福祉に関する活動を行う者、社会福祉を目的とする事業を経営する者などと協働し、地域福祉を推進することを目的として策定する民間の計画である地域福祉活動計画があります（表12－1）。

表12－1　地域福祉計画と地域福祉支援計画、および地域福祉活動計画

地域福祉計画	「地域福祉の推進に関する事項を一体的に定める計画」 ①地域における高齢者福祉、障害者福祉、児童福祉等に関して、共通に取り組むべき事項、②地域における福祉サービスの適切な利用の推進に関する事項などを定めます。
地域福祉支援計画	「市町村の地域福祉の支援に関する事項を一体的に定める計画」 ①市町村の地域福祉の推進を支援するための基本的方針に関する事項、②福祉サービスの適切な利用の推進および社会福祉を目的とする事業の健全な発達のための基盤整備に関する事項などを定めます。
地域福祉活動計画	地域の生活・福祉課題を把握し、その課題解決を図っていくための福祉サービスの開発、地域福祉を担う人材の育成や財源の確保などについて定めます。

諸外国の社会福祉の動向
—子ども・子育て支援を中心に—

3分 Thinking

・日本は子育てがしやすい国だと思いますか。そう思う理由、思わない理由を考えてみましょう。

1　諸外国の合計特殊出生率の推移

> **要約** ▶ 先進国との比較では日本の合計特殊出生率は低く、アジア諸国は日本よりさらに低い状態です。少子化は世界各国に共通する課題であり、さまざまな対策が採られています。

> ＊1　**合計特殊出生率**
> p.12 を参照のこと。

　少子化は日本を含め、先進諸国に共通する課題です。これらの多くの国では、合計特殊出生率＊1 が長期にわたり緩やかに低下しており、日本は短期間で急速に低下しています（図12−3）。さらにアジア諸国に目を向けると、

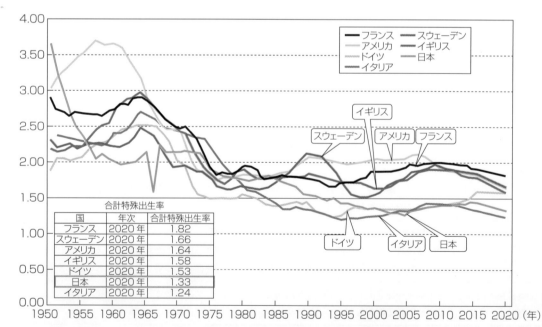

資料：諸外国の数値は1959年まで United Nations "Demographic Yearbook" 等、1960 〜 2018年は OECD Family Database、2019年は各国統計、日本の数値は厚生労働省「人口動態統計」を基に作成。
注　：2020年のフランス、アメリカの数値は暫定値となっている。

図12−3　諸外国の合計特殊出生率の動き（欧米）

出典：内閣府「令和4年版少子化社会対策白書」日経印刷　p.6

日本以上に短期間のうちに合計特殊出生率が低下しています（図12－4）。
このような現状を受け、各国ではさまざまな少子化対策が続けられています。

2　諸外国の子ども・子育て支援施策（養育・保育関係）の動向

要約 ▶ 諸外国の子ども・子育て支援施策の動向を見ると、手当等による現金給付と保育サービス等による現物給付のいずれの支援ともに手厚い国は合計特殊出生率が回復しつつあると考えられています。またこれらの国は子どもの貧困率が低いことも明らかです。

①合計特殊出生率が回復した国の経済的支援[1]

　スウェーデン（2020年の合計特殊出生率：1.66％）やフランス（同：1.82％）
は、政策効果が得られて合計特殊出生率が回復した国といわれています。

○スウェーデンの経済的支援

　福祉国家といわれるスウェーデンでは、1930年代から人口問題の解決
を射程に入れ、多角的で包括的な施策を講じてきました。児童手当（1948
年導入）は親の所得水準に関わらず、国内に居住する16歳未満（18歳まで
延長あり）のすべての子どもを対象に、2018年現在、基礎手当（子ども1人
あたり月1,250クローナ）の支給に加え、人数が増えるごとに多子加算（第2

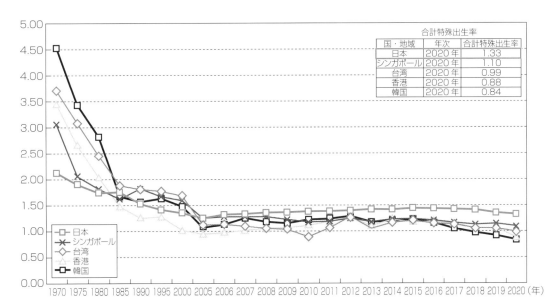

合計特殊出生率		
国・地域	年次	合計特殊出生率
日本	2020年	1.33
シンガポール	2020年	1.10
台湾	2020年	0.99
香港	2020年	0.88
韓国	2020年	0.84

資料：各国・地域統計、日本は厚生労働省「人口動態統計」を基に作成。
注　：香港の1970年は1971年、台湾の1970年は1971年、1975年は1976年、1980年は1981年の数値。

図12－4　諸外国・地域の合計特殊出生率の動き（アジア）
出典：図12－3と同じ。　p.8

子150クローナ、第3子580クローナ、第4子1,010クローナ、第5子以降1,250クローナ）があります。例えば、子どもが3人いる家庭では、基礎手当3,750クローナに多子加算730クローナ（約5万8,240円:1クローナ約13円［2023年9月現在］で換算）が支給されます。

○フランスの経済的支援

「経済的支援が最も厚い国」といわれるフランスでは、対象となる子育て家庭等に30種類以上の家族給付が支給されます。「家族手当」（日本の児童手当に相当するもの）は、第2子以降の20歳未満の子どもが対象になります。子どもの人数や所得（年額）に応じて基礎給付額が細かく分けられ、14歳以上の子どもへの加算もあります。つまり、子どもが成長するにしたがい、手当がたくさん支給される仕組みになっています。例えば、子どもが3人の場合は、2019年1月現在、所得が73,901ユーロ（約1,168万円:1ユーロ約158円［2023年9月現在］で換算）以下の世帯に対して、基礎給付299.20ユーロ（同:約4万7,300円）が支給され、子どもの年齢が14歳以上の場合は65.58ユーロ（約1万360円）が加算されます。所得が多い世帯は減額されるといった所得制限はありますが（2015年から導入）、支給対象外になることはありません。

そのほか、ヨーロッパでは多様な家族の形が権利として保障され、社会に浸透しています。フランスやスウェーデンでは、子どもたちの5割以上が結婚しないカップルまたはシングルマザーから生まれています（日本は2.1%［2008年］）。同棲カップルには法律婚カップルに準じる権利が保障され、同棲を経て結婚するカップルはとても多いです。このような多様な家族のあり方や考え方が、合計特殊出生率の回復の鍵となっていると考えられます。

②合計特殊出生率が回復した国の家族施策・保育施策等[1]

合計特殊出生率の低下を背景に、ヨーロッパ諸国では、包括的な家族施策と保育施策を導入して、子育てと仕事の両立ができるように努めてきました。現金給付である子ども手当のほか、就労支援、育児休暇、保育施設の整備と利用に伴う補助金などです。デンマーク、フィンランド、スウェーデンのような国々では育児休暇が終わると子どもを預ける保育施設が提供され、幼児教育を受けることができます。また小学校入学後は総合的な学校外施設が用意されており、長期的なケアを受けることができます。また、これらの国は子どもの貧困率が低い[*2]ことも明らかになっています。

○デンマークの主要なサービス

デンマークの有給育児休暇は、母親が28週間、父親は2週間（公務員の場合は100%の給与保障ですが、民間企業でも増加傾向にあります）と手厚いものと

＊2
基準日は異なりますが、課税および所得移転後の、デンマークの子どもの貧困率は2.4%、スウェーデンは4.2%（UNICEF：2005年）、フィンランドは2.8%（2002年）で、それぞれOECDの平均は11.2%です。日本の子どもの貧困率は11.5%です（厚生労働省「国民生活基礎調査」2023年。p.18、p.116を参照）。

いえます。1歳までは親による養育中心で行われているようですが、生後6か月から（6歳児まで）デイケア施設の登録が可能になります。デイケア施設は、家庭的保育と施設型デイケア（保育所、異年齢統合施設、幼稚園）に分けられ、登録する子どもの状況を見ると、0歳児は12%（家庭的保育8%、保育所および異年齢児統合施設4%）、2歳児までの子どもは83%（農村地区は家庭的保育の利用が多い状況です）、3〜5歳児の子どもの94%が施設型デイケア（異年齢統合施設または幼稚園）に在籍しています。

　デイケア施設の70%は公立施設ですが、民間施設は自治体の助成金を受けることから地方自治体のガイドラインを遵守しています。義務教育以降も学校休暇中や放課後のケアは無料で行われ、2004年時点で10歳までの約80%が利用しています。

○スウェーデンの主要なサービス

　スウェーデンでは、先の経済的支援と併せ、保育や育児休業制度といった両立支援の施策が進められてきました。

　スウェーデンでは、出産休暇と育児休暇で480日間の期間が設けられており、うち390日間は給与の80%が支払われ、残りの90日は定額となります。育児休暇日数のうち、約87%（約340日）が取得されています。

　1〜6歳の子どもを対象とする施設の所轄はスウェーデン教育科学省（Ministry of Education and Science）に統一されています（日本の保育所と幼稚園に相当します）。1〜6歳の子どもたち対象の「プリスクール」、6〜7歳の子どもたち（いわゆる0年生）対象の「プリスクール・クラス」があるほか、6〜12歳の子どもたちを対象に、学校休業中や放課後のケアを提供している「フリーティス・ヘム」などがあります。

③政策のための財源

　諸外国との比較においては（各国の国民負担率［対国民所得比］が異なるため、単純な比較はできませんが）、日本は家族政策への財源的な規模が小さいことが指摘されています（図12−5）。また財源の内訳を見ると、現物給付よりも現金給付*3の方が大きくなっていますが、合計特殊出生率が回復したスウェーデンやフランスは現物給付の割合の方が大きいことが分かります（図12−6）。

　子どもを産み、育てやすい社会にしていくためには、誰もが利用しやすく、就学後も継続して利用できる保育やサービスの整備、またサービスの担い手である保育者への支援など、保育サービスの質を担保するための投資が必要だと考えられます。

*3
「現物給付」はサービスに対する直接投資のことをいい、「現金給付」は親に対する助成金の支給のことをいいます。

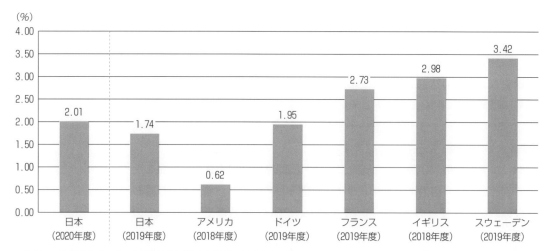

※資料：国立社会保障・人口問題研究所「社会保障費用統計」（2020年度）

注1．家族を支援するために支出される現金給付及び現物給付（サービス）を計上（決算額ベース）。

注2．計上されている給付のうち、主なものは以下のとおり（国立社会保障・人口問題研究所「社会保障費用統計」巻末参考資料より抜粋）。
・児童手当……現金給付、地域子ども・子育て支援事業費。雇用保険……育児休業給付、介護休業給付等。社会福祉……特別児童扶養手当給付費、児童扶養手当給付費、保育対策費等。生活保護……出産扶助、教育扶助。協会健保、組合健保……出産手当金、出産手当附加金。就学援助、就学前教育……初等中等教育等振興費、私立学校振興費等。各種共済組合……出産手当金、育児休業手当金等。

注3．諸外国の社会支出は、2022年6月23日時点の暫定値。

※参考：各国の国民負担率（対国民所得比）は、日本（2022年度）46.5％、アメリカ（2019年）32.4％、ドイツ（2019年）54.9％、フランス（2019年）67.1％、イギリス（2019年）46.5％、スウェーデン（2019年）56.4％。（出典：財務省「国民負担率の国際比較」）

図12−5　家族関係社会支出の国際比較（対GDP比）

出典：内閣官房「少子化社会対策大綱の推進に関する検討会　中間評価について」（令和4年9月13日）p.21

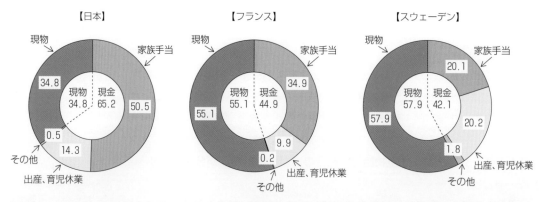

（備考）1．OECD "Social Expenditure" "Family database"、国立社会保障・人口問題研究所「平成23年度社会保障費用統計」をもとに作成。

2．2009年の値。日本は2011年度、スイスは2008年の値。

3．現物給付率は、家族関係政府支出（現金給付と現物給付の合計）のうち現物給付が占める割合。

図12−6　家族関係支出（現金給付・現物給付）の構成割合

出典：内閣府「家族関係支出の拡充の考え方（参考資料2）」（平成26年10月28日）p.2を一部抜粋

【引用文献】

1）OECD 編、星三和子・首藤美香子・大和洋子・一見真理子訳『OECD 保育白書—人生の始まりこそ力強く（乳幼児期の教育とケア（ECEC）の国際比較）—』明石書店　2011 年　pp.355-358、pp.364-366、pp.465-468

【参考文献・参考ホームページ】

Section 1

●才村純・加藤博仁編『子ども家庭福祉の新展開 第 2 版』同文書院　2019 年
●守本とも子編『看護職をめざす人の社会保障と社会福祉』みらい　2015 年
●厚生労働統計協会編『国民の福祉と介護の動向 2019/2020』厚生労働統計協会　2019 年
●厚生労働省「地域共生社会の実現に向けた地域福祉の推進について」
https://www.mhlw.go.jp/file/06-Seisakujouhou-12600000-Seisakutoukatsukan/0000189728.pdf（2019 年 8 月 1 日閲覧）
●厚生労働省ホームページ「誰もが支え合う地域の構築に向けた福祉サービスの実現—新たな時代に対応した福祉の提供ビジョン—」
https://www.mhlw.go.jp/file/05-Shingikai-12201000-Shakaiengokyokushougaihokenfukushibu-Kikakuka/bijon.pdf（2019 年 8 月 1 日閲覧）

Section 2

●泉眞樹子・近藤倫子・濱野恵「フランスの家族政策—人口減少と家族の尊重・両立支援・選択の自由—」国立国会図書館　2017 年
●内閣府ホームページ「世界各国の出生率」
https://www8.cao.go.jp/shoushi/shoushika/data/sekai-shusshou.html（2023 年 8 月 1 日閲覧）
●厚生労働省ホームページ「2018 年海外情勢報告」
https://www.mhlw.go.jp/wp/hakusyo/kaigai/19/（2023 年 8 月 1 日閲覧）
●厚生労働省ホームページ「平成 25 年度版厚生労働白書」
https://www.mhlw.go.jp/wp/hakusyo/kousei/13/dl/1-02-2.pdf（2019 年 4 月 1 日閲覧）

●学びを振り返るアウトプットノート

年　月　日（　）　第（　）限　　学籍番号＿＿＿＿＿＿＿＿＿　氏名＿＿＿＿＿＿＿＿＿＿＿＿＿＿＿

❖ この Chapter で学んだこと、そのなかで感じたこと（テーマを変更しても OK）

❖ 理解できなかったこと、疑問点（テーマを変更しても OK）

✤ Ｔ Ｒ Ｙ し て み よ う ✤

①（　　　　　　　　　　）とは、地域住民や多様な主体の参画のもと、人々がさまざまな生活課題を抱えながらも住み慣れた地域で自分らしく暮らしていけるよう、地域住民等が支え合い、一人ひとりの暮らしと生きがい、地域をともに創っていくことのできる社会をいう。

②（　　　　　　　　　　）は、社会福祉活動を推進することを目的とした営利を目的としない民間の組織で、社会福祉法に基づき、全国、都道府県および指定都市、市区町村の各段階で設置されている。

③　社会福祉法では、市町村が策定する「（　　　　　　）計画」、都道府県が策定する「地域福祉支援計画」についての規定が設けられている。

④　合計特殊出生率が回復したといわれている国では、手厚い現金給付に加え、誰でも容易に利用しやすい（　　　　　　　　）の制度が整っている。

◯ コラム⑫ 「ちいさいひと」と向き合うということ ◯

　みなさんは、このテキストで私たちの生活を支える社会保障・社会福祉について学んできました。保育者を目指すみなさんと、学びの最後に向き合いたいのは、子どもと家庭を取り巻く最も深刻な社会問題である「子ども虐待」です。

　そこで、子ども虐待の対応に大きな権限をもつ児童相談所を舞台にした漫画『**ちいさいひと―青葉児童相談所物語―**』（夾竹桃ジン［漫画］、水野光博［シナリオ］、小宮純一［取材・企画協力］、小学館、全6巻）を紹介します。主人公である新米児童福祉司の相川健太は、幼少期に親から虐待を受けていたサバイバー（生存者）であり、児童福祉司に命を救われた経験から、自らも福祉司となった青年です。健太は自身を救い出してくれた職員の部下となり、強い信念を持って仲間とともに子ども（ちいさいひと）たちの幸せを願い奮闘します。

　ページをめくると胸が苦しくなるような詳細な虐待の描写やストーリーのインパクトに、つらい気持ちになる人もいるかもしれません。しかし、児童相談所の子ども虐待への対応、一時保護所で行われている支援という福祉行政の業務の実際について、さらには福祉専門職である児童福祉司、一時保護所の保育士、関連領域の専門職である保健師の具体的な業務も知ることができる作品です。なかには実際の現場とは異なる描写や誇張して描かれている場面もありますが、専門機関、専門職が中心となって、時には警察や小学校、地域の人たちともつながりながら、全力で〞ちいさいひと〞を守ろうとする働きを学ぶことができるでしょう。また、作中では健太が随所で講師としても登場し、初めてこの問題にふれる人にも虐待の悲惨さだけでなく、「大きい人（大人）」が子ども虐待を理解するポイントを解説しており、保育者を目指すみなさんにとって役立つ知識となるはずです。

　小学生の蓮くんを保護者の納得が得られないまま一時保護所でケアする場面で、保育士の長澤彩香は、蓮くんとの関わりのなかで自身の役割について悩みます。さらに蓮くんへの対応をめぐって、同期の健太と互いの専門性を主張してぶつかりますが、上司や先輩のスーパービジョン（p.155を参照）を受けて、保護の対象としてだけではなく一人の人間、〞ちいさなひと〞として向き合うことの重要性と、同時に「福祉司も、保育士も、どっちが欠けても〞ちいさいひと〞は守れないんだ」ということに気が付きます。彩香の悩みを通じて、みなさんには保育士の役割と専門性、そして何よりも子どもと向き合う姿勢について自身の問題として考える機会にしてください。

　この作品は、小学館の『週刊少年サンデー』『週刊少年サンデーS』で連載されたもので、続編である『**新・ちいさいひと―青葉児童相談所物語―**』も発表されています（『週刊少年サンデーS』の「2024年1月号」まで連載）。そちらも合わせて読んでみてください。

索引

みらい×子どもの福祉ブックス
社会福祉〔第2版〕

2020 年 4 月 1 日　初版第 1 刷発行
2022 年 9 月 5 日　初版第 4 刷発行
2024 年 4 月 1 日　第 2 版第 1 刷発行

編　　集　　志濃原亜美
発 行 者　　竹鼻　均之
発 行 所　　株式会社 みらい
　　　　　　〒500-8137　岐阜市東興町40　第5澤田ビル
　　　　　　TEL　058 - 247 - 1227 ㈹
　　　　　　FAX　058 - 247 - 1218
　　　　　　https://www.mirai-inc.jp/
印刷・製本　　サンメッセ株式会社